Fantaisies de perles et broderies

Irène Lassus et Marie-Anne Voituriez

Dessain et Tolra

Remerciements

Loisirs et Création
53, rue de Passy, 75016 Paris
Tél. : 01 42 15 13 43
Adresses des 12 points de vente
Loisirs et Création au 01 41 80 64 00

Rougier et Plé
9 magasins en France et vente par correspondance
Renseignements au 01 64 54 70 00
Sur Minitel : 3615 Rougier et Plé.
Sur Internet : www.rougieretple.fr

Entrée des fournisseurs
8, rue des Francs-Bourgeois, 75003 Paris
Tél. : 01 48 87 58 98

Tout à Loisirs
50, rue des Archives, 75004 Paris
Tél. : 01 48 87 08 87

Elle tricote
Distributeur des laines Rowan
8, rue du Coq, 67000 Strasbourg
Tél. : 03 88 23 03 13

Directrice éditoriale : Catherine Franck
Édition : Youna Duhamel et
Anne-Sophie Kaeppelin

Mise en page et couverture :
Agnès Frégé, Caroline Hartley
Photographies : Cactus Studio
Stylisme : Sonia Roy
Révision et correction : Isabelle Macé
Correction : Larousse-Bordas
Photogravure : Nord-Compo

N° projet 10088303 - 4 - CDM 135°

Dépôt légal : septembre 2001
ISBN : 2-04-720013-X

Impression et reliure : Canale (Italie)

Sommaire

Définition des symboles

★ *Débutant*

★★ *Moyen*

★★★ *Confirmé*

Très peu cher

Prix moyen

Assez cher

Le coût de chaque réalisation est indiqué à côté de la liste des fournitures, aux pages indiquées.

Introduction

Les perles, les rubans, les fils à broder offrent une très grande variété de couleurs, de brillances, de transparences et de matières. L'association de ces matières permet de réaliser facilement des bijoux originaux et à la mode, des accessoires indispensables et, en jouant avec la lumière des perles et des tissus, de créer des décors de fête simples ou précieux pour la maison.

Réalisez vous-même des objets qui feront l'originalité de votre style ou de votre intérieur, ou qui seront autant de cadeaux précieux et pleins de fantaisie : des bracelets de rocaille, des colliers pailletés, des petits sacs brodés, des tee-shirts décorés, des étoles à rubans ou encore des parures de rideaux aux reflets scintillants…

Vous pourrez rapidement créer vos propres bijoux ou objets de décoration en adaptant les modèles à vos accessoires, à vos tenues et, surtout, à votre goût et à votre imagination. Pensez à assortir les réalisations entre elles en utilisant les mêmes matières et les mêmes motifs, par exemple pour un sac et une écharpe, un tee-shirt et un bracelet, un foulard et un collier. Créez ainsi des parures originales et raffinées qui vous feront briller de mille éclats.

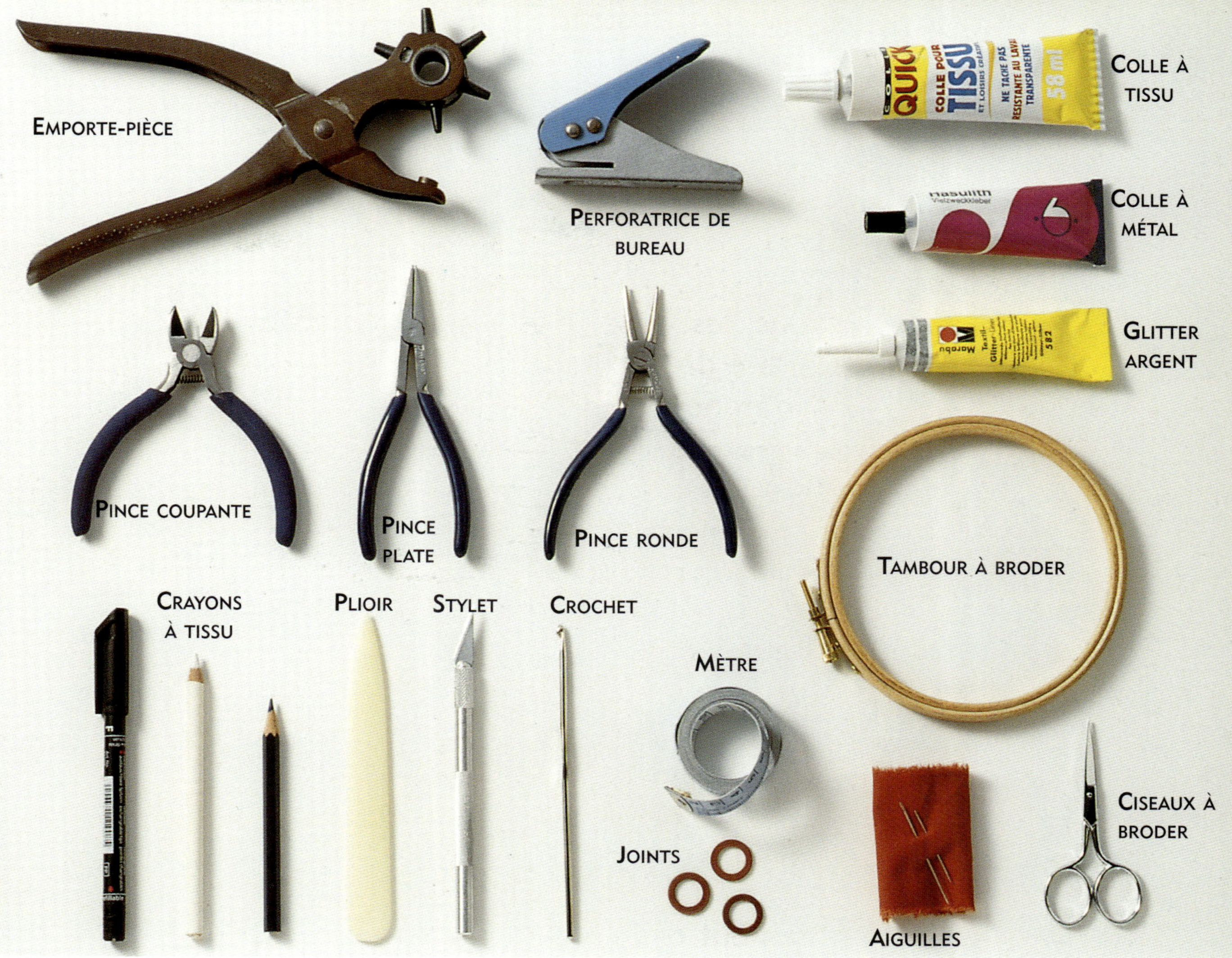

Matériaux

Glitter argent pour tissu : peinture pailletée argent que l'on utilise en pressant légèrement sur le tube et en dessinant directement sur le tissu.

Colle à métal : elle permet de faire adhérer deux pièces de métal après un temps de séchage de 12 heures.

Colle à tissu : c'est une colle spéciale qui devient totalement invisible après séchage.

Joint de plomberie : petite rondelle évidée que l'on trouve dans les quincailleries et qui sert de base à la fabrication de petits miroirs (voir la trousse de maquillage p. 30).

Outils

Pinces ronde et plate : ces pinces sont indispensables pour travailler et mettre en forme le fil de fer.

Pince coupante : elle permet de couper les fils de fer de différentes épaisseurs.

Emporte-pièce : il permet de perforer les matériaux assez résistants comme les rubans de daim, en offrant plusieurs tailles de perforation.

Perforatrice de bureau : elle possède un seul choix de perforations et convient bien à la feutrine.

Tambour à broder : il est indispensable pour la broderie sur canevas. Posez le canevas sur le petit cercle, ajustez le grand cercle en appuyant et serrez avec la vis pour maintenir le canevas.

Ciseaux à broder : on les utilise pour les découpes très précises ou pour couper au ras d'une broderie.

Crochet : il en existe différents modèles. Le sac « hippy chic » a été réalisé avec un crochet n° 3,5.

Stylet : sorte de cutter à lame pointue permettant des découpes très précises.

Plioir : outil en corne ou en plastique qui facilite le pliage.

Aiguilles : elles doivent être adaptées à l'épaisseur du fil.
Pour les perles, utilisez une aiguille fine et longue.

Les tissus et les rubans

Vous trouverez dans le commerce un grand choix de rubans et de tissus. Vous pouvez les assortir entre eux ou, au contraire, jouer sur les contrastes de couleurs et de textures.

POUR LES TISSUS :

Préférez toujours des tissus de bonne qualité, qui ont une meilleure tenue lorsque vous les travaillez, et des coloris plus recherchés (par exemple pour le coton et la feutrine).
Vous trouverez de l'organza, du satin, du taffetas et de la soie dans de nombreux coloris, plus ou moins chatoyants. Ils donneront toujours un air de fête à vos réalisations.
La tarlatane est un tissu bon marché, offrant une belle transparence, que l'on trouve actuellement dans plusieurs coloris. Elle présente l'avantage de se couper facilement, d'avoir une bonne tenue et de ne pas s'effilocher.
Si vous ne trouvez pas de tarlatane de couleur, vous pouvez la teindre avec un petit rouleau en mousse humide et des encres de couleur.
La laine polaire et la feutrine ne s'effilochent pas ; elles évitent la couture des ourlets et sont donc simples à utiliser.
Vous trouverez du canevas dans toutes les merceries. Pour les broderies de perles, utilisez du canevas fin. N'hésitez pas à demander conseil, car, pour que les perles se brodent joliment, leur taille doit correspondre à la qualité du canevas utilisé.

POUR LES RUBANS :

Leur variété est infinie et les fabricants rivalisent d'invention aussi bien du point de vue des matières que des couleurs : rubans de velours, soie, taffetas, satin, polyester, organdi, fibres naturelles, gros-grain, daim, cuir, etc.
Gardez précieusement toutes les chutes de ruban, elles vous serviront pour les patchworks.
Pensez à rapporter des rubans de vos voyages et mélangez les différentes qualités. Vous pouvez vous inspirer des motifs ethniques ou anciens pour vos broderies.
Pensez aussi à superposer les rubans pour de nouveaux effets de matière.
Les rubans transparents accrochent la lumière et ont souvent des coloris changeants. Appliquez-les plutôt sur un tissu assorti, pour jouer avec les reflets. Cousez-les délicatement avec un fil assorti.
Les rubans de gros-grain ont une bonne tenue et conviennent bien pour les bijoux.

Les fils et les perles

Les fils : assortis au support ou de couleur contrastée, voire dorés ou argentés, ils participent au décor de l'objet.

1 **Les cotons mouliné DMC** : ils sont composés de 6 brins facilement séparables, selon l'épaisseur de la broderie souhaitée. Ils présentent une grande variété de couleurs et un brillant exceptionnel.

2 **La laine** : choisissez une laine assez fine pour un crochet n° 3,5. Pour le sac « hippy chic », la laine Rowan utilisée est composée de 50 % de laine et 50 % de coton.

3 **Le fil élastique** : pour les bracelets montés sur élastique, utilisez de l'élastique rond assez solide. On trouve désormais dans les magasins de perles des fils élastiques de toutes les couleurs.

4 **Les fils de fer** : un grand choix de fils de fer émaillés permet de varier les couleurs, mais respectez le diamètre conseillé dans la liste des fournitures.

5 **Le cordon «queue-de-rat»** : ce cordon fin et soyeux existe dans différentes couleurs et épaisseurs. Pour les bracelets en coton, on utilise le plus fin.

6 **Les perles de rocaille** : ces toutes petites perles de verre rondes ou légèrement allongées présentent une très grande variété de couleurs et de transparences.

7 **Les grosses perles** : elles sont souvent associées aux perles de rocaille pour créer des décors, ou utilisées à la place d'un bouton pour la fermeture des bijoux.

8 **Les boutons** : détournés de leur fonction, les boutons nacrés, anciens, transparents, colorés, peuvent devenir des éléments de décor.

9 **Les breloques** : ce sont de petits éléments décoratifs pour les bijoux et les accessoires. Les breloques munies d'un petit anneau pourront être suspendues, les autres seront appliquées directement sur l'objet par un point de couture.

10 **Les paillettes** : disponibles dans une grande variété de tailles, de forme et de couleurs, elles seront choisies en fonction de l'objet à décorer.

11 **Les tiges en métal** : petites tiges dont une extrémité forme un anneau. On enfile les perles, puis on referme la tige par un second anneau que l'on forme à l'aide de la pince ronde.

Le point de chaînette

Pour la création de la page 32.

C'est le plus important des points bouclés, famille à laquelle appartiennent également les points de feston (voir p. 9) et d'épine (voir p. 10). C'est aussi l'un des plus employés en broderie. On le retrouve partout dans le monde, mais il semble être originaire d'Inde et de Perse, où les artisans utilisent un petit crochet nommé *ari* pour l'exécuter. Il est très prisé dans les broderies ethniques.

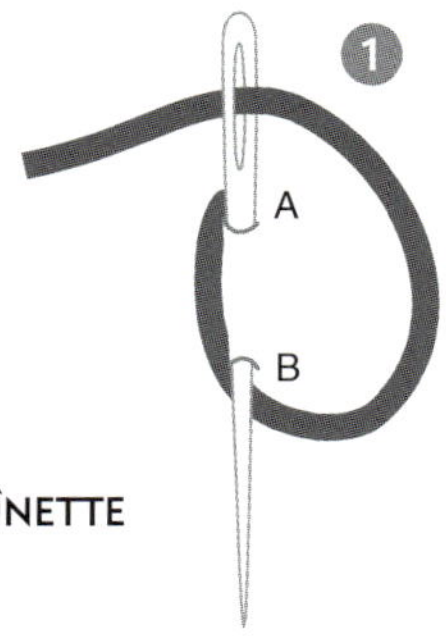

POINT DE CHAÎNETTE

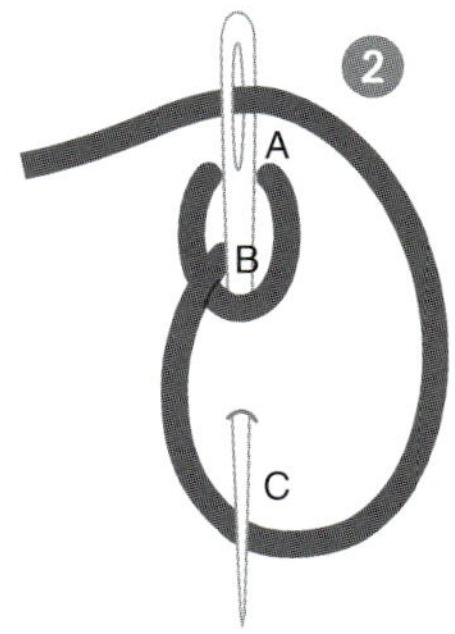

POINT DE MARGUERITE

① Sortez avec l'aiguille en A, puis repiquez immédiatement en dessous de A et sortez en B. Faites passer le fil sous l'aiguille.

② Tirez sur le fil et piquez l'aiguille immédiatement en dessous de B. Ressortez en C en tirant sur le fil et en le faisant passer sous l'aiguille.

③ Faites un point isolé en répétant l'étape 1. Tirez sur le fil et faites un petit point pour fixer la boucle. Faites 5 bouclettes en cercle pour obtenir une fleur.

CONSEILS TECHNIQUES

Selon la nature du fil utilisé et du tissu brodé, le résultat sera sensiblement différent. Exercez-vous sur un tissu épais et sur des chutes de soie fine pour maîtriser le geste, faites des essais avec un ou plusieurs brins de fil et variez la technique : en piquant l'aiguille obliquement, une fois à gauche, une fois à droite de la ligne du motif, vous obtiendrez par exemple une chaînette oblique.

Ce point étant destiné à donner du relief, il doit rester assez lâche, aussi efforcez-vous de former des points réguliers mais sans tendre excessivement le fil.

La chaînette convient à beaucoup de fils, depuis le coton mouliné (6 brins non torsadés, très faciles à séparer) jusqu'aux cotons à broder épais ; elle est bien adaptée aux tissages irréguliers. Vous ferez votre choix en fonction de la surface à broder, laquelle déterminera le fil et, par conséquent, la taille des aiguilles et des points.

Les points bouclés

Tous ces points sont faits de boucles maintenues par des petits points. On les utilise aussi bien pour broder un motif que pour les remplissages. Lorsqu'ils sont destinés à couvrir une surface unie, ils sont généralement brodés en rangées serrées ou en cercles concentriques.

UTILISATIONS ET VARIANTES

- La chaînette est un point essentiellement utilisé pour les bordures et les remplissages. Pour les remplissages, elle se brode en rangs serrés, pour lesquels on peut utiliser des fils de couleurs contrastées ou dégradées. Vous obtiendrez ainsi des résultats complètement différents.
- Les variantes du point de chaînette sont largement exploitées en broderie contemporaine.
- Le point bouclé se travaille de la même façon que le point de chaînette, mais chaque point est isolé et maintenu par un petit point à cheval.
- On peut le broder en rond, il forme alors une fleur qu'on appelle aussi point de marguerite (voir schéma 3).

Les points de boutonnière et de feston

Pour les créations des pages 14, 32 et 38.

Ces deux points appartiennent à la famille des points bouclés. La technique employée est identique, seul varie l'intervalle entre les points : tandis que les points de boutonnière sont rapprochés pour former un rang serré, les points de feston sont régulièrement espacés. Aussi les trouverez-vous indifféremment sous l'une ou l'autre de ces dénominations dans les ouvrages de broderie.

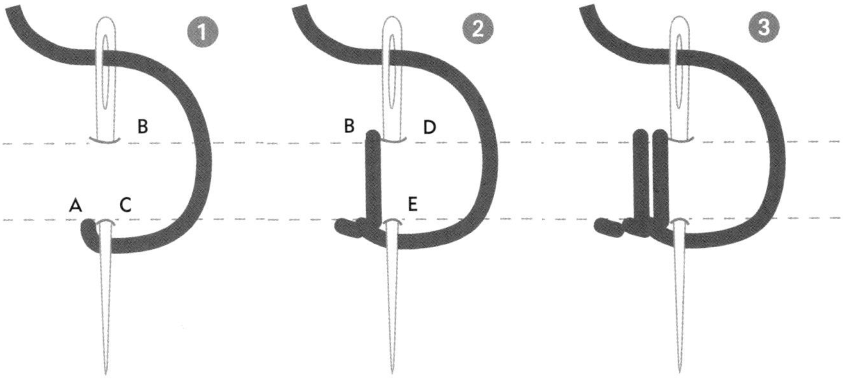

1 Sortez l'aiguille en A, puis piquez en B. Ressortez en C, sur la même ligne que A. Tirez en passant le fil sous l'aiguille.

2 Piquez l'aiguille en D, sur la même ligne que B. Sortez en E, en faisant passer le fil sous l'aiguille.

3 Continuez ainsi de suite en formant des points réguliers et en faisant toujours passer le fil sous l'aiguille.

Outils et matériel
Avant toute chose, assurez-vous que la qualité du tissu choisi correspond à l'usage que vous voulez en faire : une enveloppe de coussin, par exemple, demande un tissu résistant et de préférence lavable.
Vérifiez également que l'aiguille et le fil passeront dans le tissu sans en écarter exagérément les fils.
Enfin, pour les travaux de découpe (pour des motifs ajourés, par exemple), de petits ciseaux bien aiguisés vous seront indispensables.

CONSEILS TECHNIQUES
La principale difficulté de ce point est de maintenir la ligne supérieure bien droite. Pour vous aider, vous pouvez tracer sur votre tissu deux traits légers qui vous serviront de guide.
Travaillez de gauche à droite en serrant les points, sans toutefois faire froncer l'étoffe. Les points doivent être très réguliers ; selon les cas, efforcez-vous de les rapprocher autant que possible les uns des autres (boutonnière) ou de maintenir un intervalle constant entre eux (feston).

UTILISATION ET VARIANTES
■ À l'origine, le point de boutonnière était surtout utilisé par les couturières, pour former des bordures nettes, droites ou arrondies, principalement le long des bords coupés, qu'il renforçait tout en leur apportant une belle finition. Par la suite, la broderie s'en empara, car il n'avait pas son pareil pour cerner les motifs ajourés, et il figure désormais dans les grands classiques de la broderie traditionnelle et contemporaine. C'est un excellent point de remplissage qui donne profondeur et relief aux motifs, mais qui permet aussi de créer des motifs floraux, des effets de pyramides ou d'escaliers.
■ La variante la plus simple consiste à faire varier la hauteur des points, en exécutant alternativement un point court et un point long. Pour que le résultat soit esthétique, il faut toutefois veiller à conserver un bord régulier et des hauteurs de point constantes.
■ On peut également le travailler en oblique ou le faire rayonner autour d'un cercle central.

Le point d'épine

Pour la création de la page 32.

Le point d'épine, aussi appelé point d'arêtes, appartient à la famille des points bouclés. C'est un point très populaire et très décoratif utilisé notamment dans les pays anglo-saxons pour les smocks et les «crazy quilts».

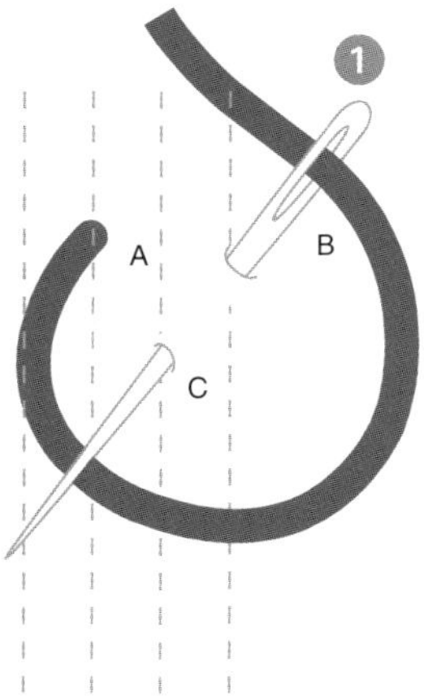

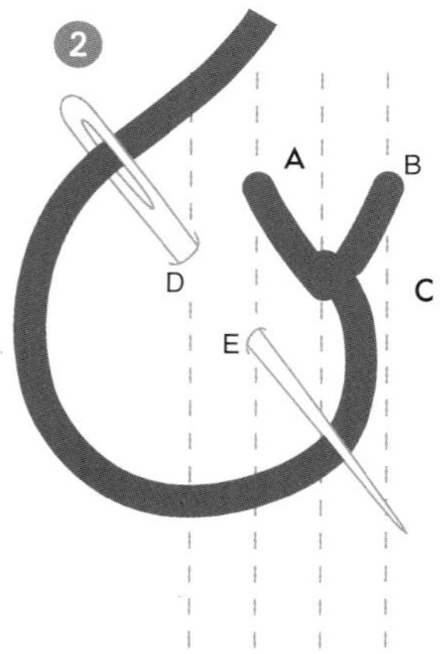

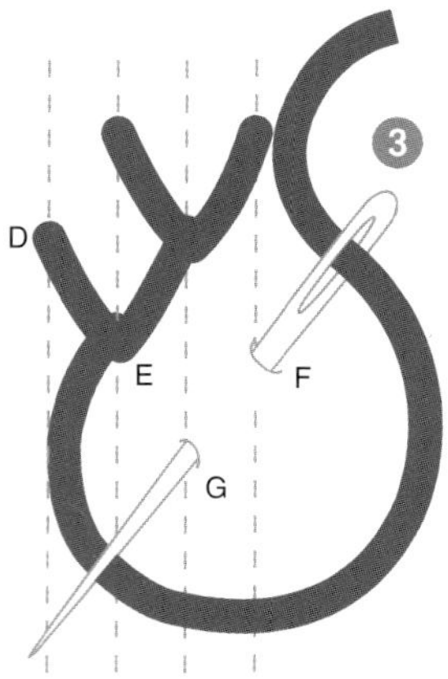

Conseils techniques

La technique de ce point est plus simple qu'il n'y paraît, mais demande une certaine maîtrise pour donner un résultat vraiment satisfaisant. Travaillez d'abord en rangées verticales, en traçant des lignes sur le tissu pour former des points bien réguliers. Piquez toujours l'aiguille vers le centre de haut en bas. Lorsque vous serez plus sûre de vous, vous pourrez vous essayer
aux tracés plus complexes.

Tous les tissus conviennent, mais ceux dont le tissage est apparent seront plus faciles à utiliser dans les premiers temps.

Choisissez vos fils et vos aiguilles en fonction de l'épaisseur et de la texture du support.

Le point d'épine se travaille de haut en bas.

1 Sortez avec l'aiguille en A, puis piquez en B, à la même hauteur que A. Ressortez en C en faisant passer le fil sous l'aiguille.

2 Tirez le fil et piquez en D à la même hauteur que C. Sortez en E en faisant passer le fil sous l'aiguille.

3 Continuez ainsi de suite. Piquez en F à la même hauteur que E et ressortez en G en faisant passer le fil sous l'aiguille.

Utilisations et variantes

■ En broderie traditionnelle, on utilise le plus souvent le point d'épine pour le remplissage des feuilles dont il évoque instantanément les nervures, par la délicatesse de son motif alterné. Mais il forme également de ravissantes bordures, droites ou en ligne courbe, souvent brodées dans une couleur contrastée.

En utilisant un seul brin de fil, on peut créer des motifs fins et légers comme des branchages.

Ce point permet d'assembler des morceaux de tissu entre eux ou de couvrir des coutures de façon décorative.

On l'utilise aussi pour les lisières et les ourlets décoratifs.

■ Il existe de nombreuses variantes du point d'épine, parmi lesquelles les points d'épine double, triple ou quadruple, qui consistent à disposer alternativement deux, trois ou quatre points inclinés vers la gauche puis vers la droite, pour former un zigzag.

Pour couvrir de grandes surfaces

Résistez à la tentation d'utiliser de trop longues aiguillées : au-delà de 45 cm, les fils s'emmêlent, s'effilochent et perdent de leur brillant.

Couture anglaise

Pour la création de la page 34.

❶ Posez les deux morceaux de tissu envers contre envers. Cousez à 5 mm du bord.

❷ Repliez le tissu endroit sur endroit, aplatissez la couture et cousez à 5 mm du bord en englobant la précédente couture.

❸ Remettez à l'endroit. Donnez un coup de fer. La couture est propre et il est inutile de surfiler.

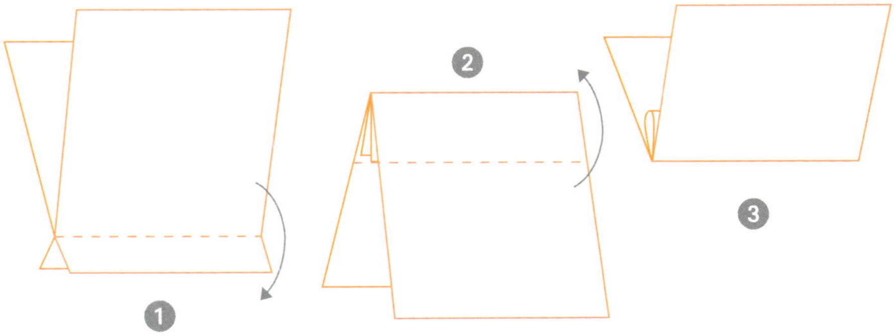

Le point avant

Pour la création de la page 54.

C'est le plus simple à utiliser. On pique l'aiguille devant soi, le long d'une ligne, et on tire le fil en faisant des points réguliers.

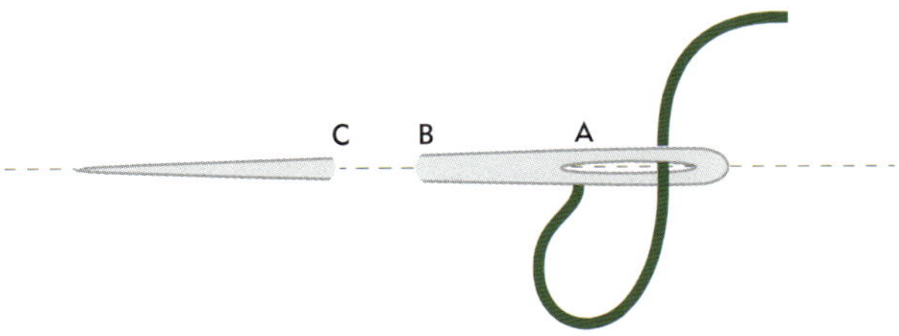

Sortez l'aiguille en A, piquez en B, puis ressortez en C. Tirez sur le fil et recommencez.

Le point caché

Pour les créations des pages 26, 30, 34 et 40.

On l'utilise essentiellement pour assembler deux morceaux de tissus qu'il faut finir d'assembler par des coutures invisibles.

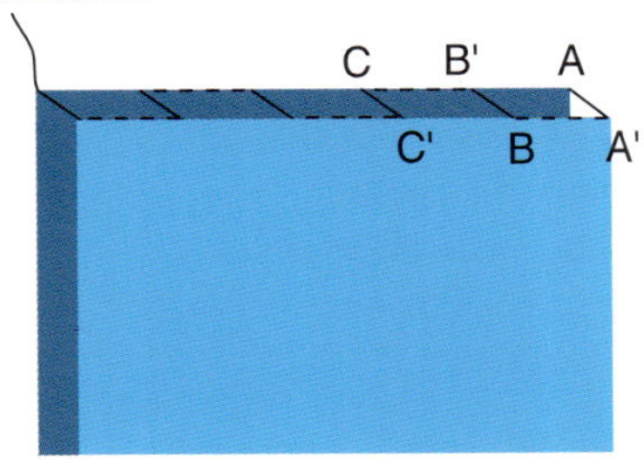

Piquez en A, puis en A', passez l'aiguille sous le pli du tissu de devant, ressotez en B et repiquez en B', ainsi de suite.

Bracelets de rocaille★★★

Fournitures

POUR UN BRACELET

- *30 à 40 tiges en métal (chez les fournisseurs spécialisés en perles)*
- *fil élastique (1 m)*
- *30 perles assez grosses*
- *2 ou 3 variétés de perles de rocaille rondes et allongées*
- *pince à bouts ronds*
- *aiguille*

Les anneaux doivent être parfaitement refermés, pour ne pas laisser s'échapper l'élastique.

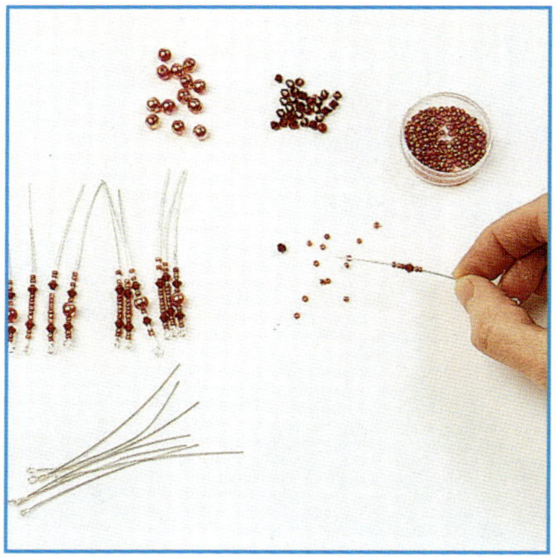

1 Choisissez l'ensemble des perles à enfiler sur les tiges en métal et préparez toutes les tiges nécessaires (environ 33 pour un bracelet de 18 cm de long). Sur chaque tige, enfilez 2 cm de perles.

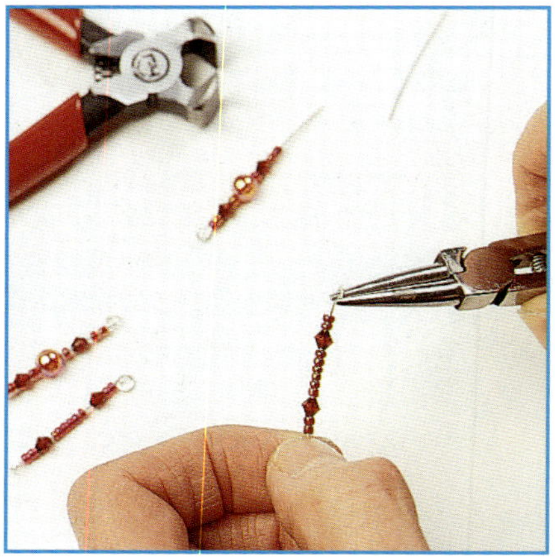

2 Coupez chaque tige à environ 8 mm des perles et recourbez-en l'autre extrémité avec la pince pour former un anneau bien serré. Resserrez également l'anneau déjà formé.

Lorsque vous créez d'autres combinaisons de perles, faites un essai sur au moins 6 tiges placées côte à côte pour voir l'effet obtenu.

3 Enfilez environ 50 cm de fil élastique sur une aiguille, mettez-le en double et faites un nœud à l'extrémité. Enfilez une grosse perle, puis une tige, et continuez en alternant : une tige, une perle, une tige, une perle. Faites la même opération pour l'autre extrémité des tiges.

4 Rapprochez les deux extrémités du bracelet et faites 2 nœuds bien serrés l'un sur l'autre avec chaque élastique pour le refermer, comme indiqué sur la photo ci-dessus.

Parure de gros-grain pailleté ★★

Fournitures

- *75 cm de gros-grain pour un collier et 40 cm pour un bracelet*
- *3 variétés de perles de rocaille*
- *3 variétés de perles longues*
- *2 variétés de paillettes perforées*
- *1 petit bouton*
- *fil assorti au ruban*
- *aiguille*
- *colle*
- *crayon à tissu*

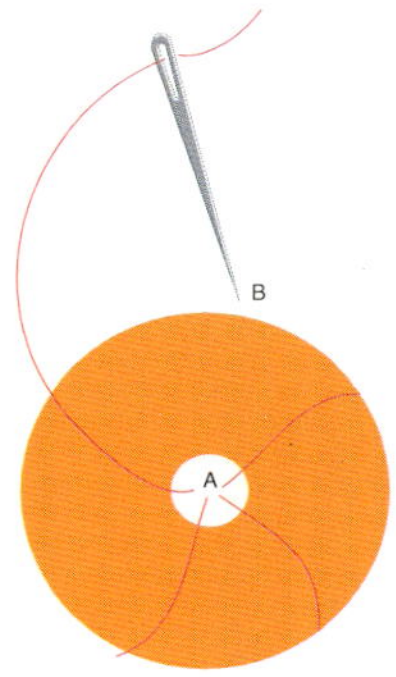

C *Paillette cousue en étoile*

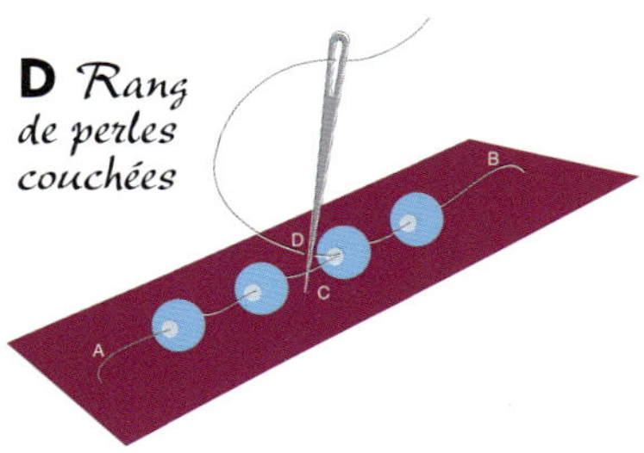

D *Rang de perles couchées*

A *Début du travail*

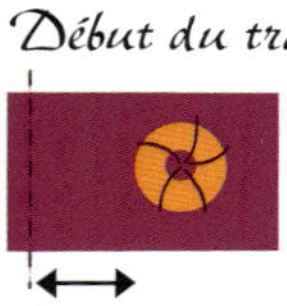

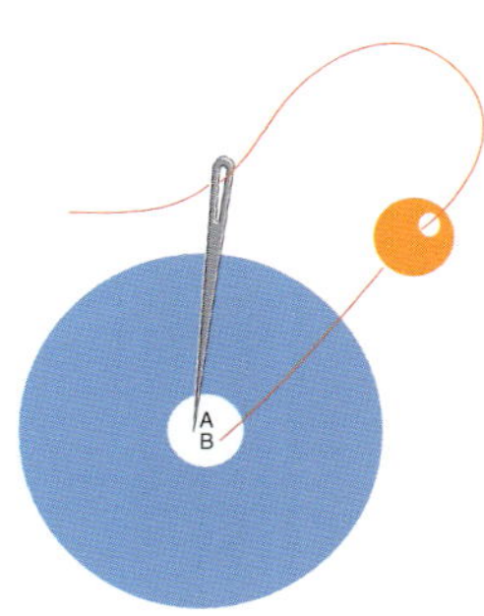

E *Paillette fixée par une perle*

❶ Faites une marque avec le crayon à tissu à mi-longueur du ruban de gros-grain. Commencez à broder les perles à 1 cm de cette marque, à droite comme indiqué sur le schéma A.

❷ En suivant le schéma B, alternez 1 paillette perforée cousue en étoile (C), 3 rangs de perles longues verticales, 3 rangs de perles couchées verticales (D), 3 rangs de perles longues verticales, 1 paillette fixée par une perle (E), 3 rangs de perles longues horizontales et 3 rangs de perles longues verticales. Continuez ainsi, en arrêtant le dernier motif à 2 cm de l'extrémité droite du ruban.

❸ Faites un rentré de 1 cm à chaque extrémité du ruban comme indiqué sur le schéma B et collez-le. Puis collez la partie perlée du ruban sur la partie non perlée avec la colle à tissu. Cousez à une extrémité du ruban le petit bouton ; à l'autre extrémité, faites une bride (F) avec le fil assorti au ruban. Formez une boucle de la taille du bouton avec 3 fils et recouvrez-la d'un point de boutonnière (voir p. 9).

Ces bijoux peuvent être réalisés avec d'autres rubans, par exemple du ruban de velours.

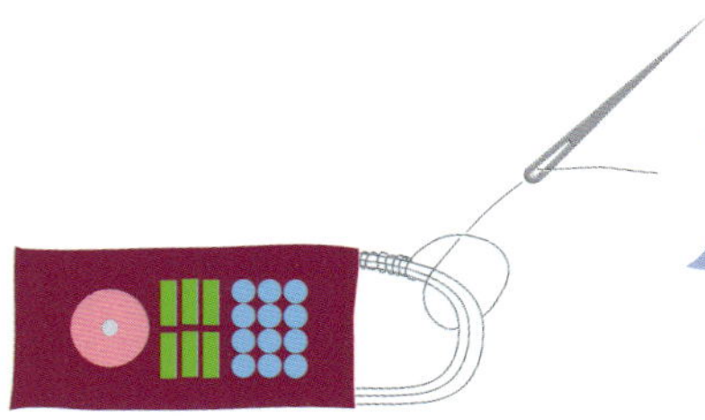

F *Bride*

La bride pour le boutonnage peut être remplacée par un petit morceau de cordon «queue-de-rat» cousu (voir p.7).

Bijoux de coton avec breloques**

BRACELET

Fournitures

- *50 cm de cordon « queue-de-rat » (voir p. 7)*
- *coton mouliné DMC de 3 couleurs assorties au choix*
- *5 breloques*
- *1 bouton*

Choisissez des breloques à anneau pour le bracelet et le collier (p. 19) et des breloques perforées pour la barrette (p. 18).

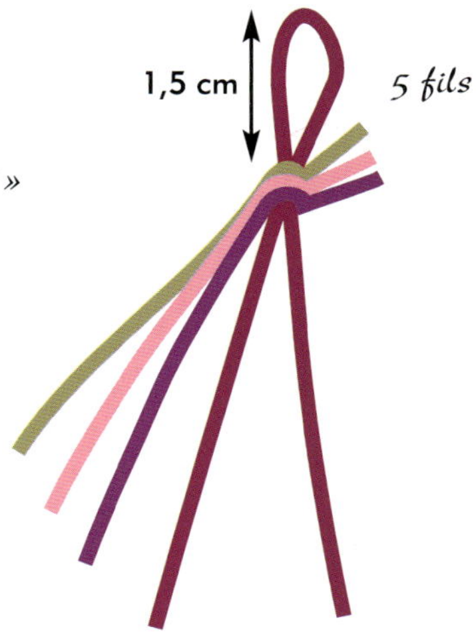

1 Pliez le cordon de 50 cm en deux et formez une boucle de 1,5 cm pour la boutonnière. Prenez les 3 fils de coton de couleurs différentes, et coupez 1,50 m de chaque.
Nouez les brins bien serrés autour de la boucle.

2 Placez tous les fils à gauche de la boucle. Rassemblez-les avec le cordon « queue-de-rat » en laissant sortir sur la gauche le fil que vous voulez nouer en premier. Nouez le fil en effectuant une « bride », comme indiqué sur le schéma, à chaque fois que vous l'enroulez.

Ces bracelets sont faciles et rapides à réaliser. Faites-en 5 ou 6 assortis que vous porterez en même temps.

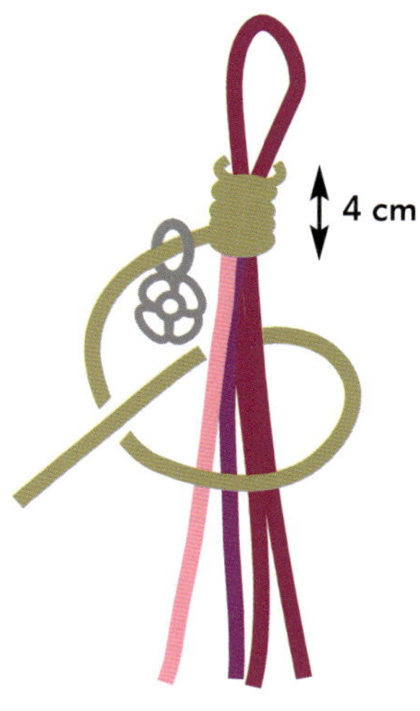

3 Tous les 4 cm environ, enfilez une breloque à anneau, puis effectuez la « bride » (voir étape 2).

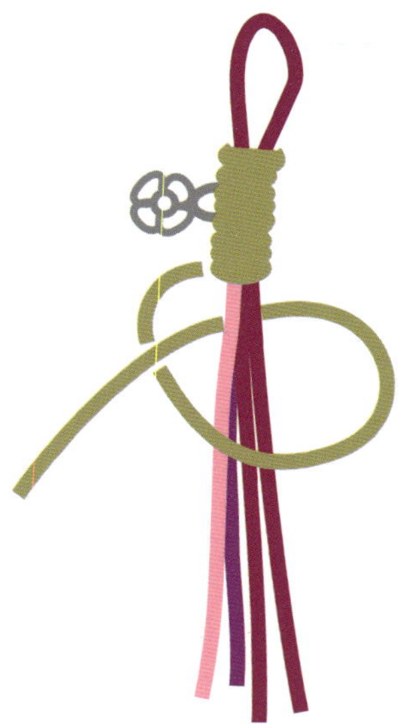

4 Pour alterner les couleurs, replacez le dernier fil utilisé contre le cordon « queue-de-rat », et sortez sur la gauche un fil d'une autre couleur. Nouez-le de la même façon.

BARRETTE

Fournitures

- *Créamousse*
- *ruban de satin*
- *colle à tissu*
- *barrette*
- *3 breloques*
- *coton mouliné DMC de 3 couleurs assorties au choix*

Cette jolie barrette peut s'orner de toutes sortes de motifs.
Pour créer une parure à thème, choisissez des breloques et des fils assortis au bracelet ou au collier.

1. *Début du travail*

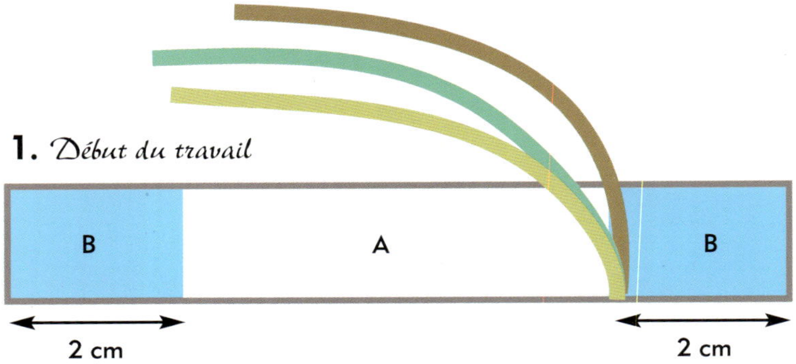

❶ La barrette se décore selon le même principe que le bracelet, mais sur la base d'un morceau de Créamousse (A) de la taille de la barrette, collé sur un ruban de satin (B) dépassant de 2 cm de part et d'autre.

❷ Collez les 3 fils de couleurs assorties avec la colle à tissu et nouez-les comme pour le bracelet autour du Créamousse et du ruban (étape 2 p. 16), sans enfiler de breloques.

❸ Lorsque le Créamousse est entièrement recouvert, repliez les extrémités du ruban de satin sur l'envers du travail et collez-les. Cousez ensuite les breloques perforées sur les fils enroulés, et collez l'ensemble sur la barrette.

2. *Nouage des fils*

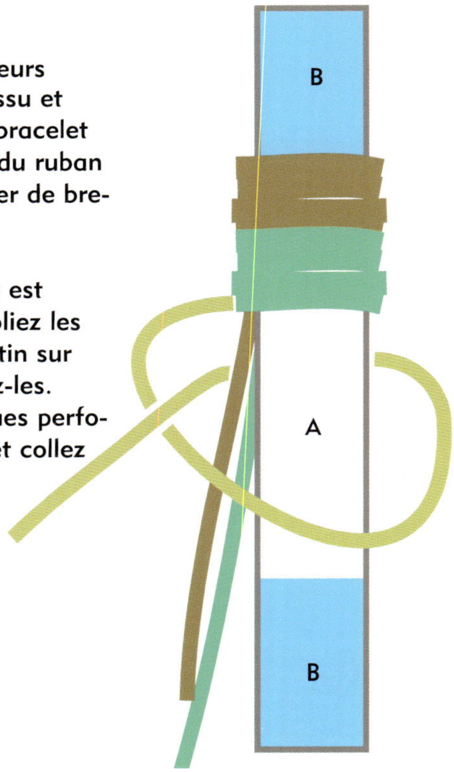

3. *Envers du travail*

COLLIER

Fournitures

- *1 m de cordon « queue-de-rat »*
- *coton mouliné DMC de 3 couleurs assorties au choix*
- *8 breloques*
- *1 petit bouton argent*

Le collier se réalise de la même manière que le bracelet, mais en pliant en 2 un cordon «queue-de-rat» de 1 m de long.

Parure de daim perlé ★

Fournitures

- *ruban en daim bordeaux, vert kaki ou beige :*
  20 cm pour 1 bracelet
  40 cm pour 1 collier
  45 cm pour 1 serre-tête
- *emporte-pièce*
- *perforatrice de bureau*
- *perles de rocaille de formes et de couleurs différentes assorties aux couleurs du ruban*
- *4 grosses perles*
- *feutre noir fin*
- *règle*
- *fil*
- *aiguille*
- *25 cm de gros élastique rond*
- *colle à tissu*

❶ PRÉPARER LE BIJOU

Pour le bracelet :
Coupez un ruban de 1,5 cm de large et de 18 à 20 cm de long, selon la taille de votre poignet. Sur l'envers du ruban, marquez avec le feutre fin l'emplacement des trous à l'aide des mesures indiquées sur le schéma ci-dessous

Bracelet

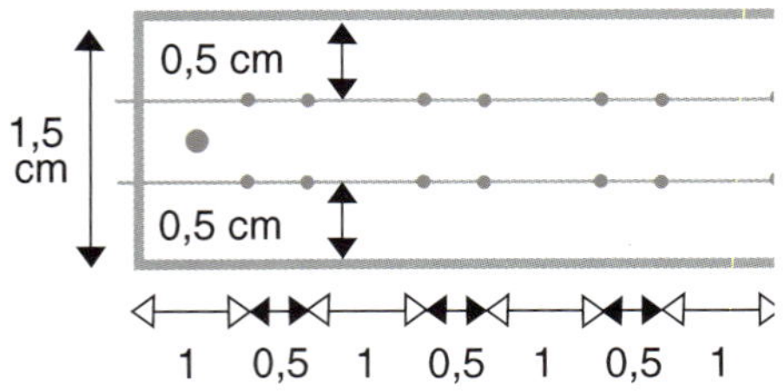

Pour le collier :
Coupez un ruban de 1 cm de large et de 35 à 40 cm de long, selon la taille de votre cou. Sur l'envers du ruban, marquez avec le feutre fin l'emplacement des trous selon les mesures indiquées sur le schéma ci-dessous.

Collier

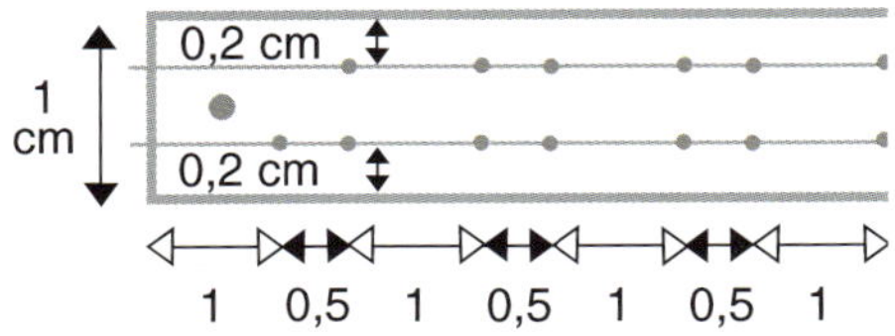

Pour le serre-tête :
Coupez un ruban de 2,5 cm de large et de 45 cm de long. Sur l'envers du ruban, marquez avec le feutre fin l'emplacement des trous selon le schéma ci-dessous.

Serre-tête

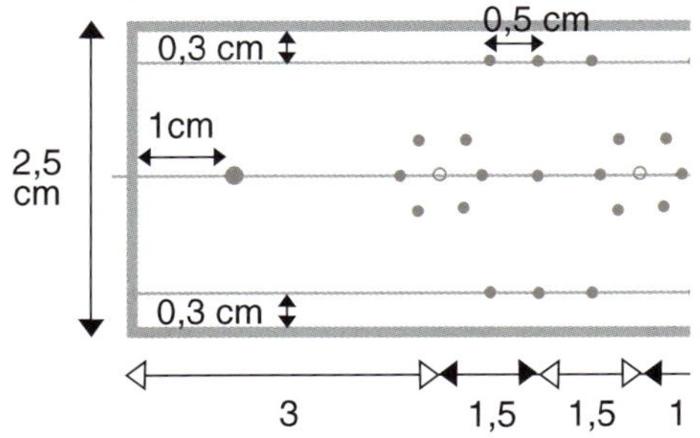

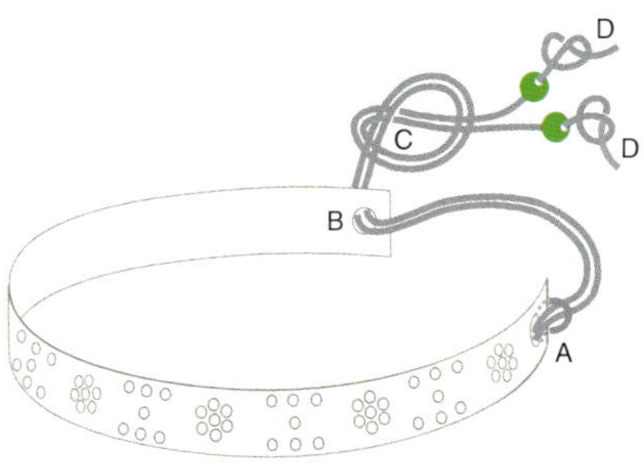

❷ COMMENT PERCER LES TROUS

Réglez l'emporte-pièce sur la deuxième grosseur de trou. Placez-le sur les repères et appuyez pour perforer.

❸ DÉCORER LE BIJOU ET LE FERMER

Pour le bracelet et le collier :

■ Le décor est composé de perles de rocaille cousues. Passez deux fois avec le fil et l'aiguille dans chaque perle pour bien la fixer, en commençant par l'arrière.

■ Pour la fermeture, perforez une extrémité du ruban, et cousez une grosse perle à l'autre extrémité.

Pour le serre-tête :

■ Le décor est fait de pastilles de daim obtenues avec la perforatrice et collées au centre du motif de fleurs suggéré sur le schéma ci-contre.

■ Pour la fermeture, pliez l'élastique en deux. Percez un trou à 1 cm de chaque extrémité. Passez la boucle dans le trou A, puis les deux bouts de l'élastique en B, avant de faire un nœud (C). Décorez chaque extrémité de l'élastique avec une perle (D).

Envol de papillons**

Fournitures

POUR UN PAPILLON

- *25 cm de fil de fer de 0,7 mm de diamètre*
- *2,30 m de fil inox de 0,28 mm de diamètre*
- *perles de rocaille de couleurs différentes*
- *pince plate*
- *pince à cheveux ou pique à brochette en bois*
- *colle pour métal*

Ces petits papillons peuvent aussi décorer votre maison ou, fixés sur des supports de broche, orner joliment un vêtement.

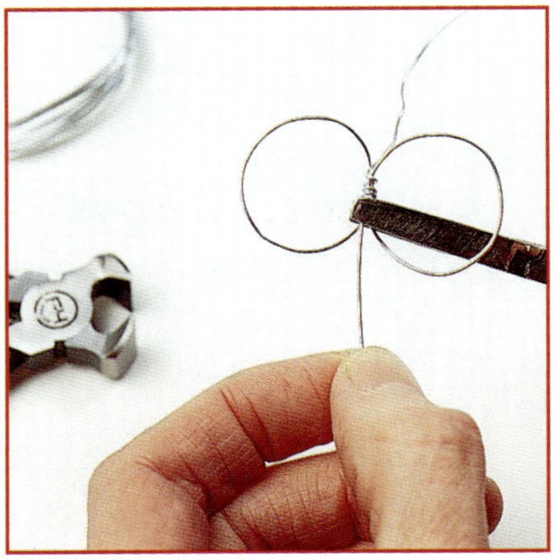

1 Pour créer la forme du papillon, formez un 8 avec le fil de fer de 25 cm, et resserrez le milieu en enroulant 4 tours de fil. Aplatissez le corps du papillon avec la pince plate et coupez les extrémités du fil de fer qui dépassent.

2 Reproduisez le schéma du papillon donné p. 61 et placez dessus le 8 formé avec le fil de fer. Formez le papillon en vous aidant de la pince.

3 Pour orner le contour du papillon, prenez 1,20 m de fil inox et entortillez-le 3 fois au début d'une aile. Enfilez une perle, maintenez-la sur la structure et enroulez le fil 3 fois en serrant bien ; poursuivez ainsi en effectuant le tour des deux ailes.

4 Pour l'intérieur des ailes, prenez 1 m de fil inox et nouez une extrémité sur un point d'une aile du papillon. Enfilez une longueur de perles et enroulez le fil 3 fois sur un point opposé de la structure ; passez au fil transversal suivant en vous inspirant de la photo.

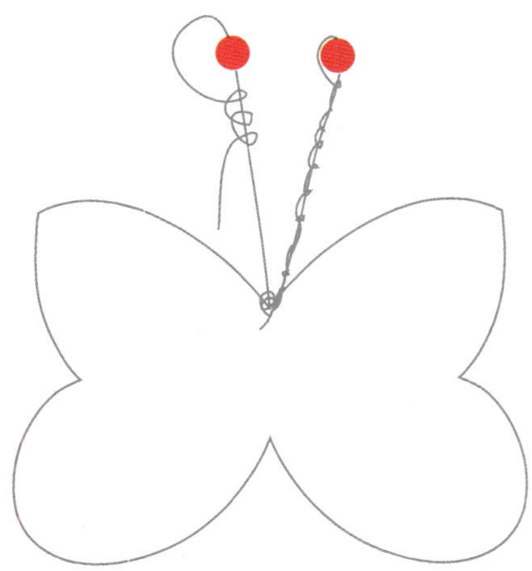

5 Pour réaliser les antennes, passez un fil inox de 8 cm entre les deux ailes. Entortillez-le pour le fixer par le milieu, et à chaque extrémité, à 2 cm du papillon, enfilez une perle; repliez le fil par-dessus la perle, puis entortillez-le sur lui-même. Collez le papillon sur son support.

papillons

Bracelets d'or et d'argent **

Fournitures

POUR UN BRACELET

- *1 ou 2 variétés de perles de rocaille*
- *2 grosses perles*
- *ressort pour bracelet ou tour de cou (chez les fournisseurs spécialisés)*
- *1 m de fil de fer fin émaillé de couleur, de fil de cuivre ou de métal*

Pour plus de solidité, mettez un point de colle sur le ressort avant de placer la grosse perle.

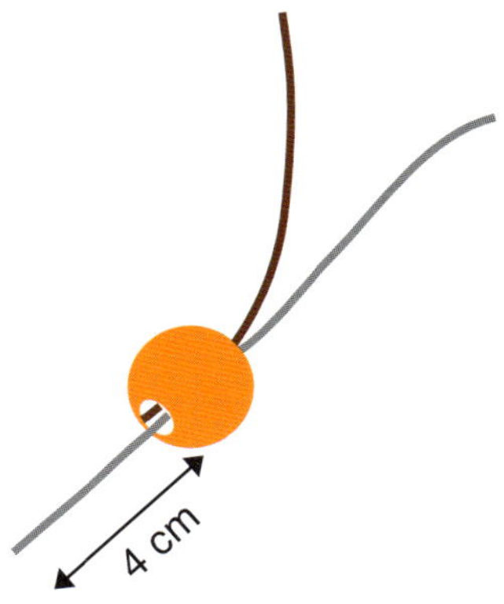

1 Prenez une des deux grosses perles. Enfilez une extrémité du ressort dans l'orifice de cette perle, puis glissez le fil de fer dans le même orifice, et laissez-le dépasser de 4 cm.

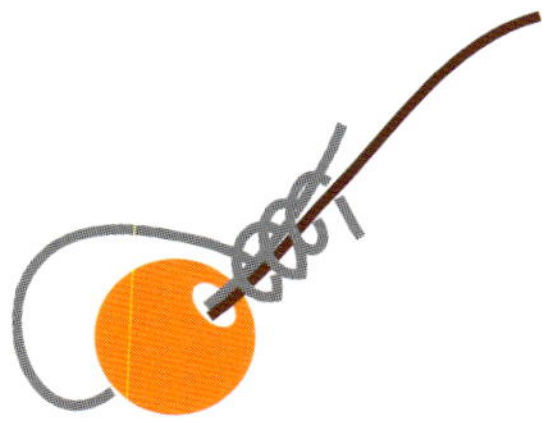

2 En maintenant la perle à l'extrémité du ressort, rabattez le morceau de fil de fer de 4 cm par-dessus la grosse perle et enroulez 4 tours bien serrés autour du ressort et du fil de fer.

Le système du ressort évite le problème de la fermeture des bijoux.

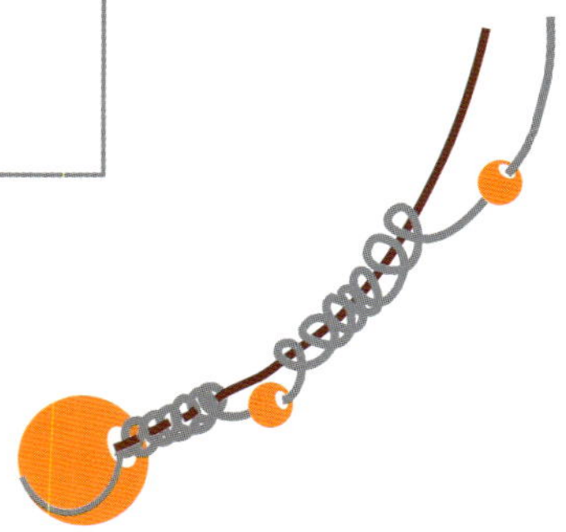

3 Enfilez une perle de rocaille sur le fil de fer, enroulez environ 6 fois le fil de fer sur le ressort, puis passez à la perle suivante.

4 Terminez le bracelet de la même manière que vous l'avez commencé : enfilez la seconde grosse perle sur le ressort et sur le fil. Rabattez le fil en passant par-dessus la grosse perle et enroulez 4 tours bien serrés.

Sac « hippy chic »★★★

Fournitures

POUR UN SAC DE 20 x 20 CM
- *laine (Rowan)*
bleue (2 pelotes)
rouge (1 pelote) et
verte (1 pelote)
- *3 boutons bleus, 3 boutons rouges, 3 boutons verts*
- *un rectangle de tissu vert pour la doublure de 22 x 42 cm*
- *fil bleu, rouge, vert*
- *aiguille*

1 Le sac est composé de 18 carrés contrastés : 6 carrés bleu et rouge, 6 carrés rouge et vert, 6 carrés vert et bleu.
Chaque carré se crochète de la façon suivante :
Avec la première couleur, faites une chaînette de 4 m. en l'air et fermez-la en rond par 1 m. coulée. Puis faites 1 m. en l'air, 2 m. serrées dans la maille en l'air précédente, 3 m. serrées dans chacune des 3 m. restantes de la chaînette, 1 m. serrée dans la maille qui a reçu les 2 premières mailles.
Faites 1 m. coulée dans la première maille serrée du tour précédent.
Puis continuez par : (*) 1 m. en l'air, 2 m. serrées dans la maille coulée.
À partir de là, faites 3 m. serrées dans la deuxième des 3 m. serrées qui forment les angles et 1 m. serrée sur toutes les autres mailles du tour précédent.
Changez de couleur et faites encore 3 rangs de la même façon, en reprenant en (*).

Choisissez des laines et des cotons de bonne qualité et n'oubliez pas la doublure pour que votre sac ait de la tenue.

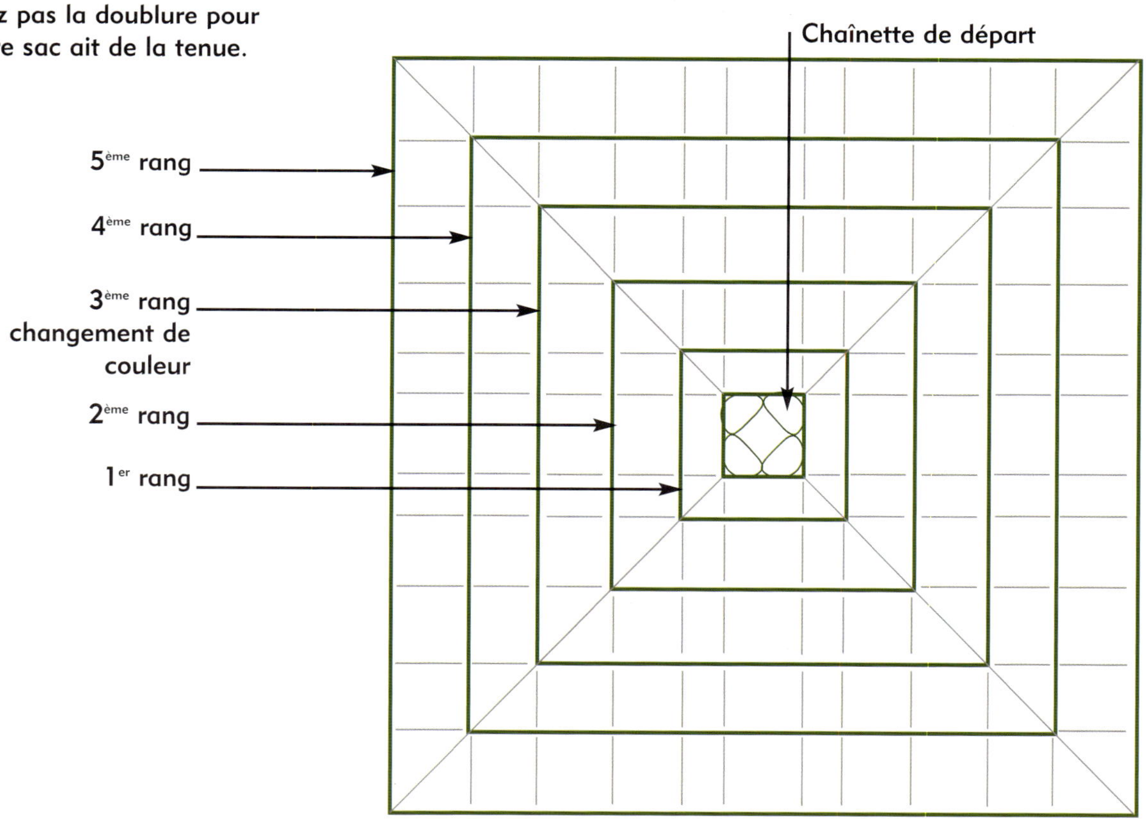

2 Assemblez les carrés sur l'envers avec du fil et une aiguille, en les plaçant suivant le schéma ci-dessus. Vous obtenez 2 grands carrés formés de 9 petits carrés chacun.

3 Pour l'assemblage des deux parties du sac, bordez une face du sac sur 3 côtés par 6 rangs de mailles serrées en passant dans chaque maille des carrés formant cette face. Assemblez sur l'envers du sac les deux faces par 1 rang de mailles serrées en passant en même temps dans les mailles des carrés de la deuxième face et dans celles de la bande formant l'épaisseur du sac.

4 Pour la finition du haut, faites 2 rangs de mailles serrées tout autour en piquant le crochet dans chaque maille des 6 carrés formant le haut du sac. Repassez le sac avec une patte-mouille pour aplatir les carrés.

Le crochet

Pour la création de la page 26.

La chaînette
Elle est le point de départ de tout travail au crochet

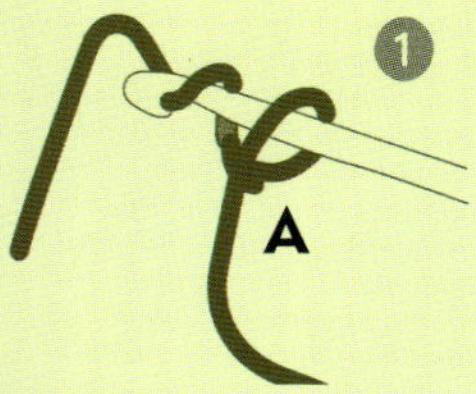

1 Faites un nœud coulant an A

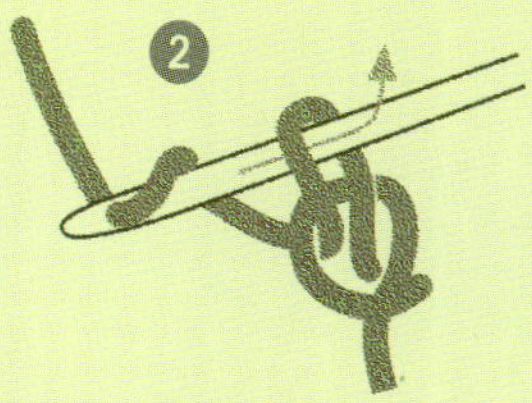

2 Ramenez le fil pris dans le crochet à travers la boucle, vous obtenez une nouvelle boucle. Continuez de la même manière.

■ Chaque maille isolée de la chaînette est une **maille en l'air**.

La maille serrée

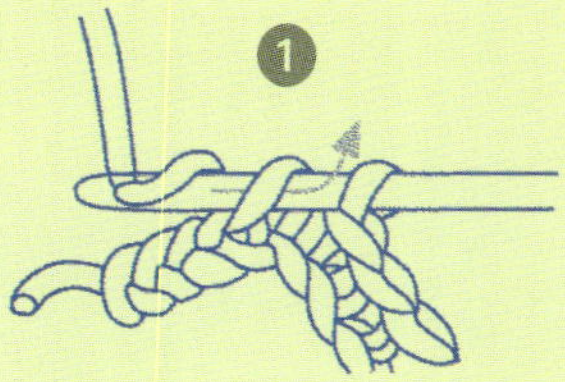

1 À partir d'une chaînette, piquez le crochet dans la deuxième maille (de la chaînette). Faites un jeté (passez le fil par-dessus le crochet), et tirez la boucle à travers la maille de la chaînette.

5 Crochetez 2 anses de 35 cm de long en mailles serrées : commencez sur une chaînette de 4 m. en l'air. Faites 1 m. en l'air, 4 m. serrées dans les 4 m. de la chaînette puis 1 m. en l'air et 4 m. serrées dans le rang précédent, et ainsi de suite jusqu'à obtenir une longueur de 35 cm.

6 Cousez les anses à 3 cm du bord de chaque face, posez les boutons puis doublez le sac. Si votre sac mesure 20 x 20 cm, découpez un rectangle de 22 x 42 cm. Pliez-le en deux et fermez par une couture de 2 cm sur 2 côtés pour obtenir un carré de 20 x 21 cm. Sur le haut de la doublure, faites un rentré de 1 cm, repassez pour marquer le pli, épinglez dans le sac et cousez avec un point caché.

Ce sac est en laine, mais pour l'été vous pouvez réaliser le même type de sac en fil de lin écru et le décorer avec des petits boutons de nacre blancs par exemple.

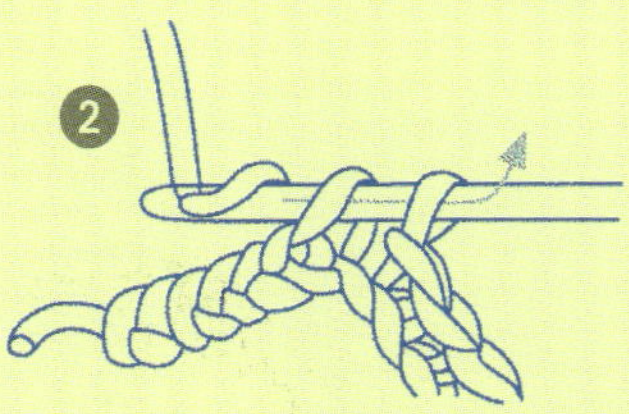

2 Refaites un jeté et tirez le fil à travers les deux mailles se trouvant sur le crochet. Continuez de la même manière. Pour changer de rang, retournez l'ouvrage et recommencez.

La maille coulée

On l'utilise en général pour rallier deux mailles sans faire de point supplémentaire

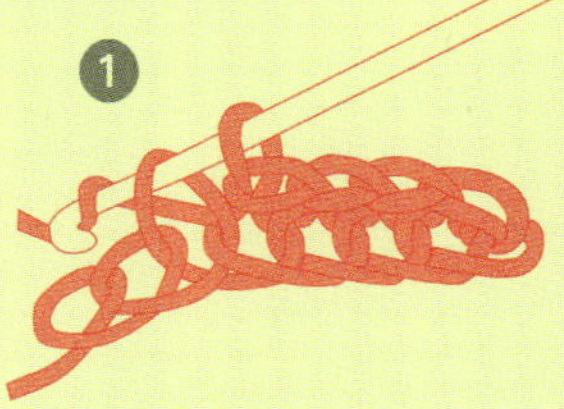

1 À partir d'une chaînette, piquez le crchet dans la deuxième maille (de la chaînette).

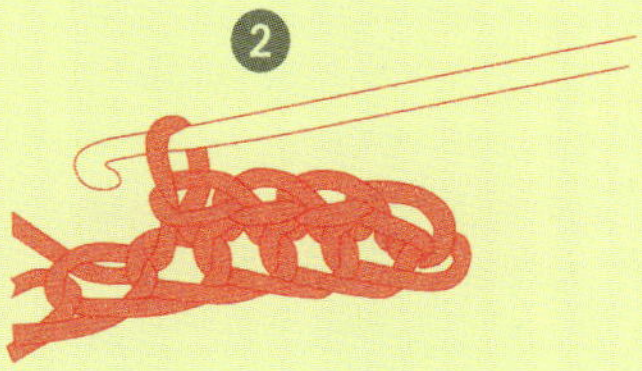

2 Ramenez le fil à travers la maille de la chaînette et la maille qui se trouve sur le crochet.

Trousse belle de nuit***

Fournitures

POUR UNE TROUSSE DE 17 x 15 CM

- *tissu de coton orange, violet, vert, rose, bordeaux, bleu foncé (pour les dimensions exactes, voir étapes 1 et 5)*
- *coton mouliné DMC orange, violet, vert, rose clair, rose vif, fuchsia*
- *5 joints pour robinet de 1 cm de diamètre intérieur*
- *aluminium à repousser épais*
- *fil assorti, aiguille*
- *15 cm de ruban de satin rose de 0,8 cm de large*
- *15 cm de ruban de satin orange de 1 cm de large*
- *10 cm de ruban de velours fuchsia de 1 cm de large*
- *15 cm de ruban de velours violet de 1 cm de large*
- *pour la décoration : petits boutons de nacre, grosses paillettes bleues, petites paillettes bleu foncé, bleu turquoise, rose vif, violettes, argentées, perles rose vif, rose clair, bleu vif, bleu clair, vertes*
- *1 bouton pour la fermeture du sac*

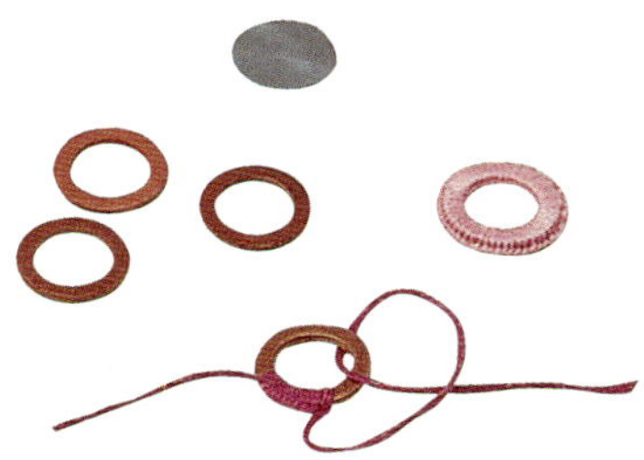

Utilisez vos chutes de tissu et de rubans pour réaliser cette trousse. Jouez sur les couleurs pour créer des associations éclatantes ou ton sur ton.

1 Commencez par le rabat. Découpez un rectangle vert de 12 x 6 cm, un rectangle violet de 7 x 6 cm, un rectangle orange de 17 x 6 cm, un carré bleu de 7 x 7 cm, un rectangle bordeaux de 12 x 7 cm. Épinglez les rubans comme sur la photo, sur les rectangles vert, violet et bordeaux à 1 cm des bords le long desquels les pièces seront assemblées.

LE RABAT

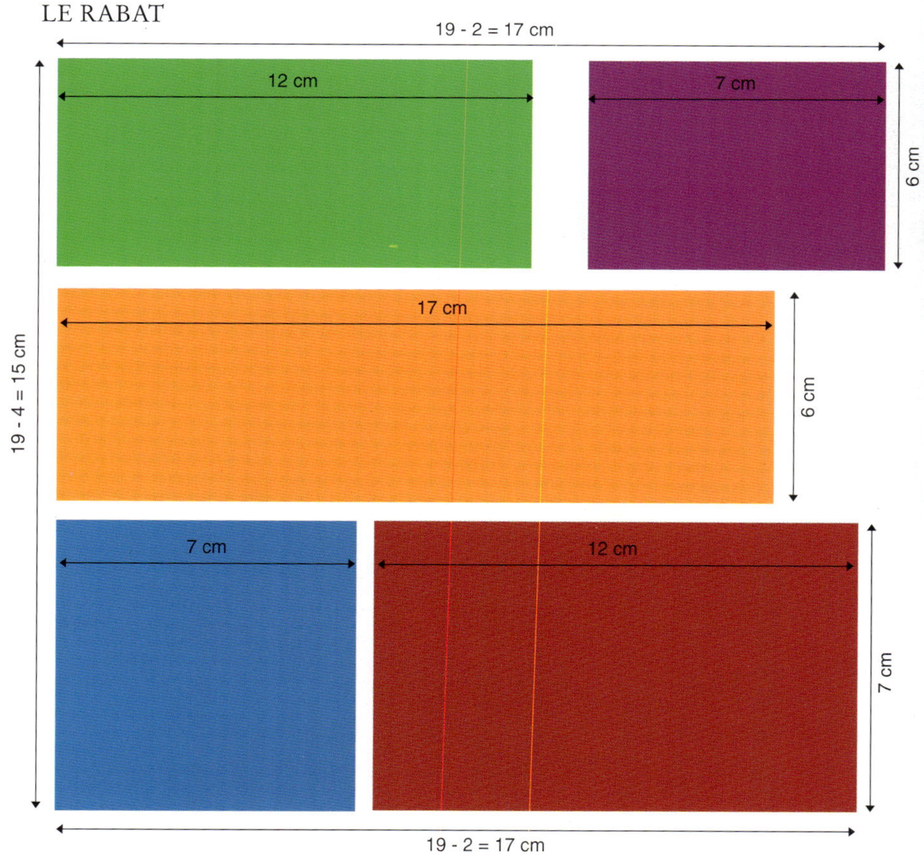

LE RABAT

❷ Épinglez les pièces du patchwork selon la photo ci-dessus, endroit contre endroit. Assemblez-les par une couture en laissant 1 cm et en prenant les rubans dans les coutures (ils sont alors cousus sur leur largeur). Vous obtenez un rectangle de 17 x 15 cm. Cousez les rubans sur leur longueur à la main, le long des coutures.
Appliquez et cousez le ruban en velours violet le long de la pièce orange.

❸ Préparez les rondelles qui vous serviront pour les miroirs : coupez 1 m de mouliné DMC de chaque couleur et entourez les joints en faisant un point de boutonnière (voir p. 9) serré tout autour.
Cachez les fils de départ et d'arrivée en les faisant passer avec une aiguille entre les points sur l'envers de la rondelle.
Découpez des rondelles de 1,5 cm de diamètre dans l'aluminium.

❹ Décorez le rabat du sac avec les perles et les paillettes en vous inspirant de la photo. Brodez un point de chaînette orange (voir explications p. 8) le long du bord supérieur du ruban violet et un point de chaînette vert le long du bord inférieur.
Brodez un point d'épine (voir explications p. 10) orange à cheval sur le rectangle orange et le carré bleu, et un point d'épine violet entre les deux rangs de grosses paillettes bleues. Appliquez les miroirs sur la bande orange en glissant les rondelles d'aluminium sous les rondelles couvertes de coton et cousez celles-ci tout autour avec un point caché (voir p. 11).

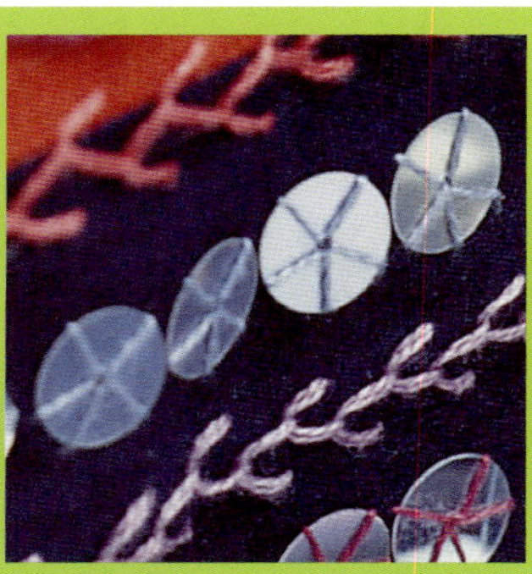

L'INTÉRIEUR DU SAC

5 Découpez un rectangle rose de 23 x 32 cm pour le corps du sac et un rectangle violet de la même taille pour la doublure. Pliez le tissu rose en deux dans le sens de la largeur. Fermez des 2 côtés par une couture en laissant 1 cm. Formez le fond du sac en constituant 2 triangles, et cousez la base de chaque triangle (6 cm).

6 Faites de même avec le tissu violet en laissant une ouverture de 8 cm sur un des côtés. Elle vous permettra de retourner le sac lorsque toutes les coutures seront terminées.
Dans le tisu rose, découpez la doublure du rabat et cousez-la endroit contre endroit sur les 3 côtés du rabat, en faisant des coutures de 1 cm. Retournez le tout. Assemblez le sac, la doublure et le rabat, en faisant une seule couture tout autour du bord supérieur du sac.

7 Retournez le sac à l'endroit par l'ouverture de 8 cm que vous avez laissée dans la doublure et fermez-la à points cachés (voir p. 11). Cousez une boutonnière dans le rabat en coupant une fente dans les deux épaisseurs de tissu. Cousez un bouton sur le sac.

Vous pouvez également faire une trousse plus précieuse en patchwork de soie si vous le souhaitez, et même l'agrandir en modifiant les proportions selon vos besoins.

Petits sacs brodés de perles***

Fournitures

Pour un sac de 8 x 8 cm

- *un carré de soie rose de 8,5 x 17 cm*
- *perles de rocaille rouges (pour le fond), bleu clair, bleu plus foncé et roses (pour les ailes), mordorées (pour le corps)*
- *aiguille longue*
- *canevas*
- *fil blanc et rose*
- *tambour à broder*

Découpez un morceau de canevas suffisamment grand pour le tendre sur le tambour, cela vous facilitera le travail.

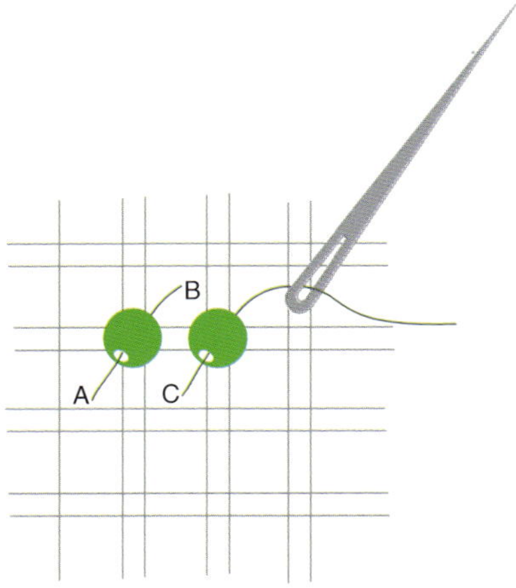

1 Découpez un carré dans le canevas et fixez-le sur votre tambour à broder. Brodez un carré de 6,5 cm de côté en perles de rocaille, en suivant le modèle p. 36. Pour appliquer les perles sur le canevas, suivez le schéma ci-dessus : piquez par dessous en A pour faire sortir le fil, enfilez la perle, piquez en B et ressortez en C.

2 Commencez à broder en haut à gauche avec les perles rouges et descendez au fur et à mesure. Intégrez le papillon dans votre travail en vous inspirant des couleurs proposées sur le schéma p. 36.

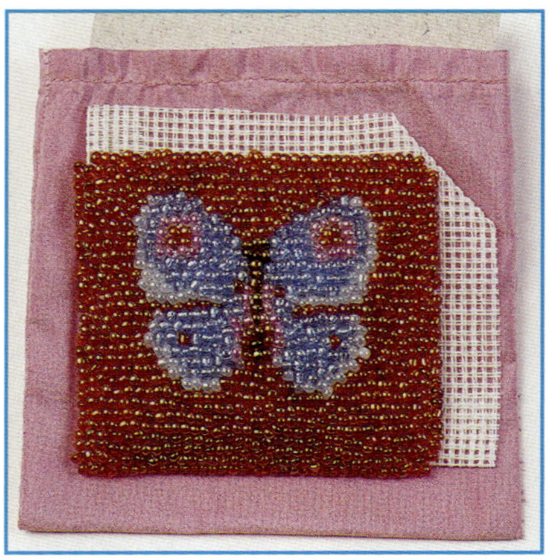

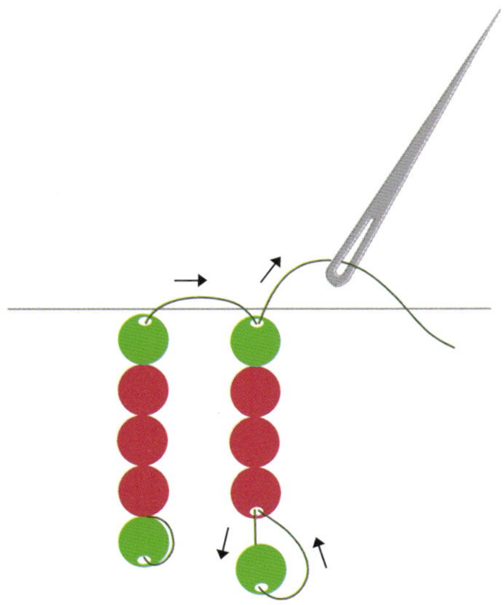

3 Cousez une petite pochette rose de 8,5 x 8,5 cm en la fermant par des coutures anglaises sur 2 côtés (voir explications p. 11). Appliquez le motif sur le sac de la façon suivante : découpez le canevas en laissant une marge de 1,5 cm tout autour de la broderie. Repliez les bords vers l'intérieur, et fixez la pochette avec un point caché (voir p. 11), en glissant un carton dans le sac pour éviter de piquer dans les deux épaisseurs de tissu. Faites un ourlet dans le haut du sac. Brodez un rang de perles pour masquer la couture, à 5 mm du bord supérieur en alternant 3 perles rouges et 1 perle bleue.

4 Faites une frange de perles dans le bas en suivant le schéma. Enfilez ensuite des perles roses sur un fil de 60 cm pour faire la bandoulière, que vous fixerez à l'intérieur du sac par un petit point de couture, à l'emplacement de la couture latérale.

Dermophile
T. LeClerc
PARIS

Le motif du sac rose est formé de 35 rangs comprenant 35 perles de rocaille. Travaillez de haut en bas et de gauche à droite.

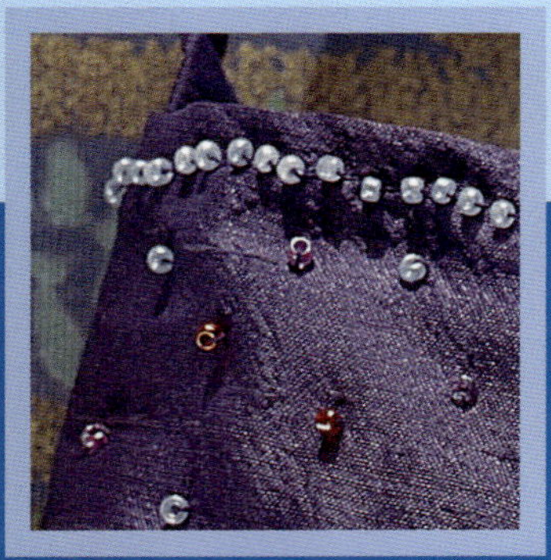

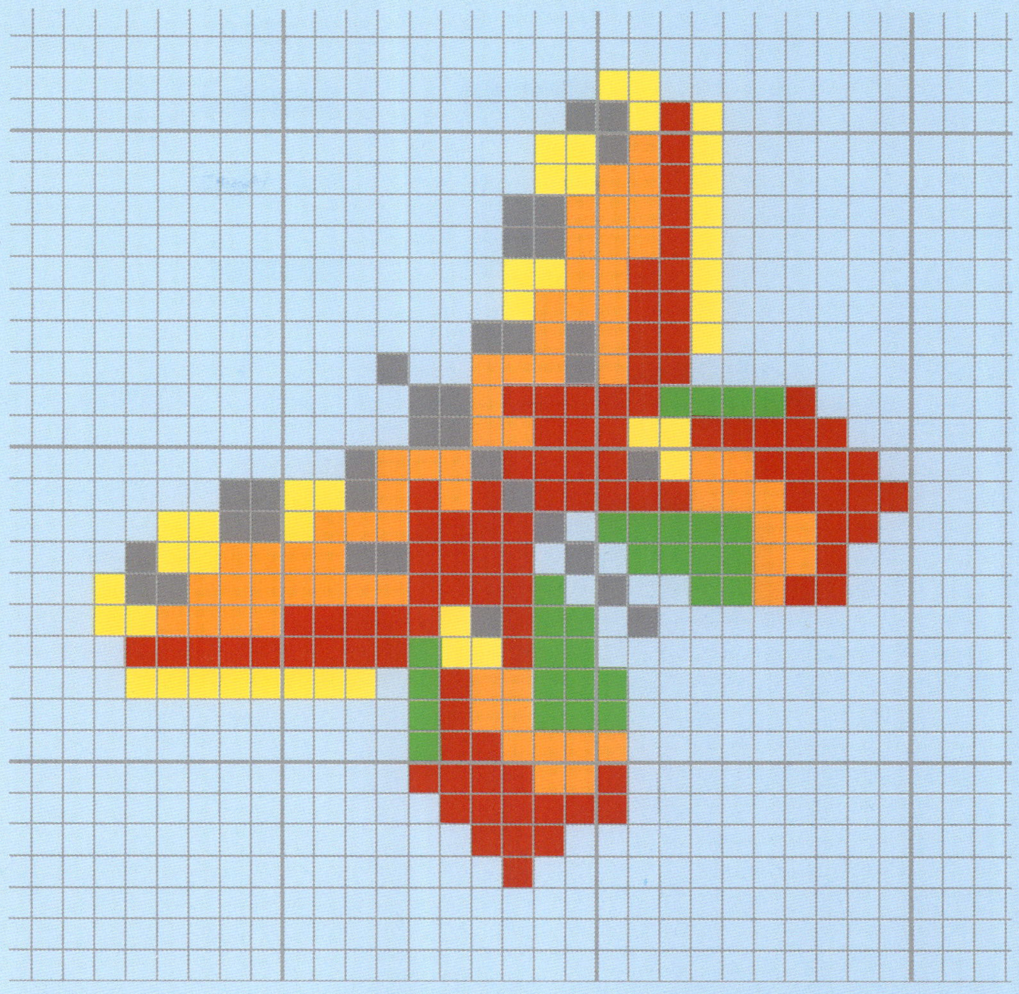

Motif de papillon utilisé pour le petit sac bleu.

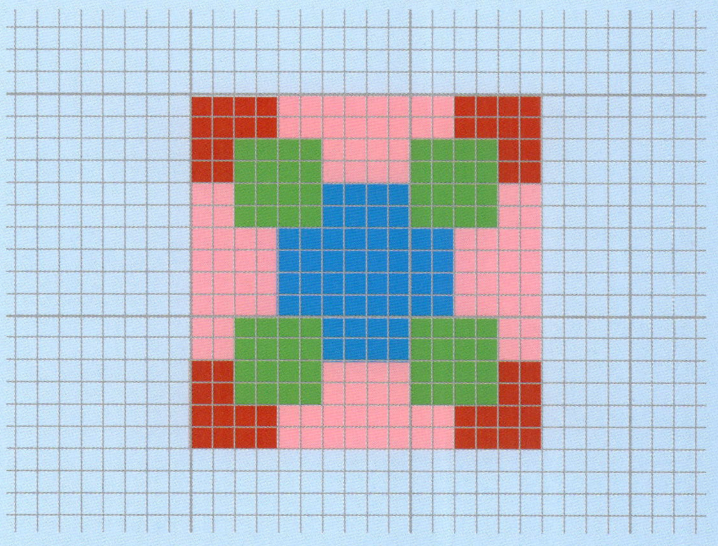

Petit motif géométrique décorant le sac violet.

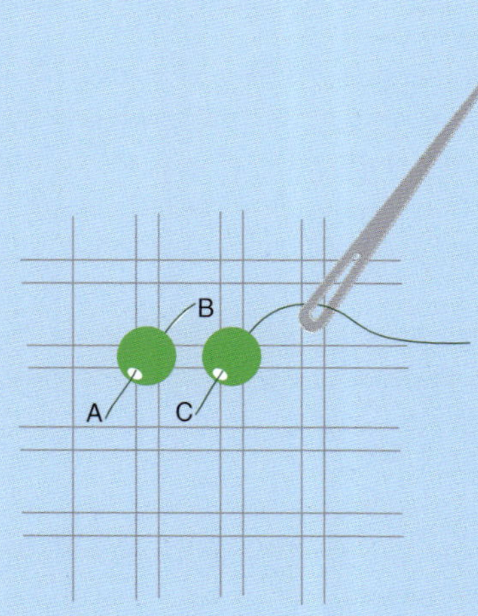

Comment coudre les perles.
Voir étape 1 page 34.

Foulard andalou ★

Fournitures

Pour un foulard de 51 cm de côté

- *un carré de tissu de coton rose de 60 × 60 cm*
- *coton mouliné DMC bleu et vert*
- *perles de rocaille roses, bleues et vertes*
- *paillettes plates de 1 cm de diamètre*
- *aiguille*

Adaptez la taille du triangle à votre tour de tête, ces foulards sont plus jolis s'ils sont petits.

Vous pouvez utiliser d'autres matières souples pour réaliser ces petits foulards : un voile de coton ou de la laine fine. Évitez cependant les tissus trop glissants.

Le foulard noir en laine polaire se réalise sur le même principe. Inutile de faire un ourlet, le tissu ne s'effiloche pas. Brodez-le d'un point de feston (p. 9) dans lequel vous intégrerez également des perles.

Le sac mesure 15 x 15 cm. Les deux parties sont réunies avec un point de feston (p. 9). La bandoulière mesure 90 cm de long et 2,5 cm de large.

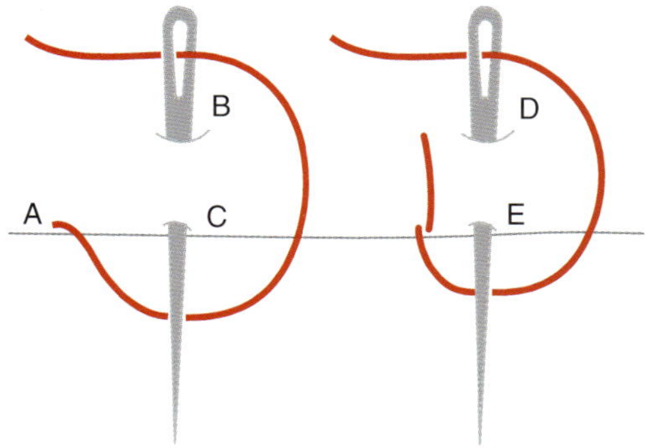

1 Découpez un triangle rectangle isocèle (voir p. 61) de 53 cm de côté dans le tissu de coton rose. Coupez la pointe d'environ 1 cm, à chaque angle aigu pour éviter les surépaisseurs. Formez un ourlet tout autour en repliant le tissu deux fois de suite sur 5 mm. Repassez pour marquer le pli. Mettez des épingles.

2 Tenez le foulard sur l'endroit et brodez un point de feston (voir p. 9) tout autour avec le fil bleu. Espacez les points de 5 mm. Ce point de feston permet de faire tenir l'ourlet. Enlevez les épingles au fur et à mesure.

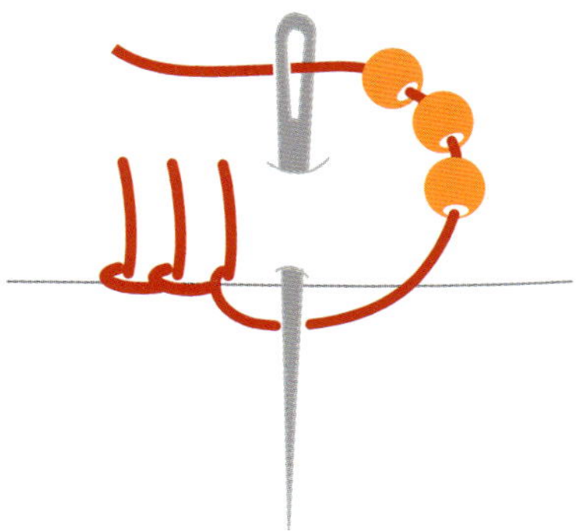

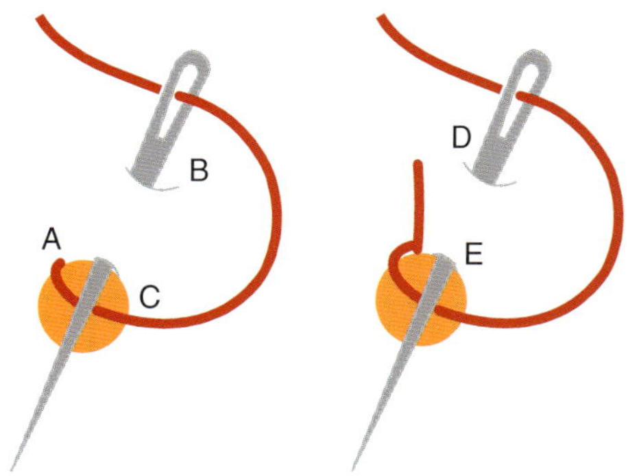

3 Tous les 3 ou 4 points, enfilez 3 perles bleues, roses ou vertes dans le fil comme indiqué sur le schéma ci-dessus.

4 Fixez les paillettes en vous reportant au schéma E p. 14. Faites un point de feston autour de chaque paillette avec le cordon mouliné en suivant le schéma ci-dessus et en utilisant alternativement du fil bleu et du fil vert.

Étole à rubans**

Fournitures

POUR UNE ÉTOLE DE 105 x 20 cm

- *un rectangle de taffetas de soie vert de 107 x 44 cm*
- *50 cm de ruban jaune transparent de 2 cm de large*
- *50 cm de ruban vert foncé transparent de 2 cm de large*
- *50 cm de ruban vert clair transparent de 2 cm de large*
- *1 m de ruban de satin jaune de 8 mm de large*
- *1 m de ruban de satin vert de 1,5 cm de large*
- *perles de rocaille vertes*
- *paillettes plates*
- *aiguille*
- *fil*

1 Coupez le taffetas de façon à obtenir 2 bandes de 107 x 22 cm. Sur l'une d'elles vous appliquerez les rubans et les perles, l'autre servira de doublure. Préparez l'assortiment de rubans et de perles dont vous avez besoin.

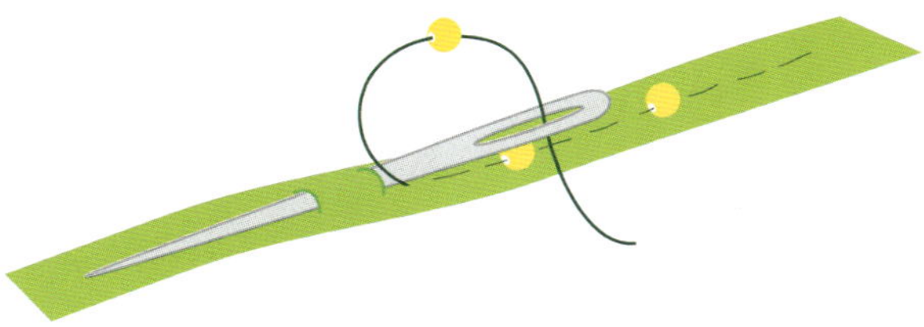

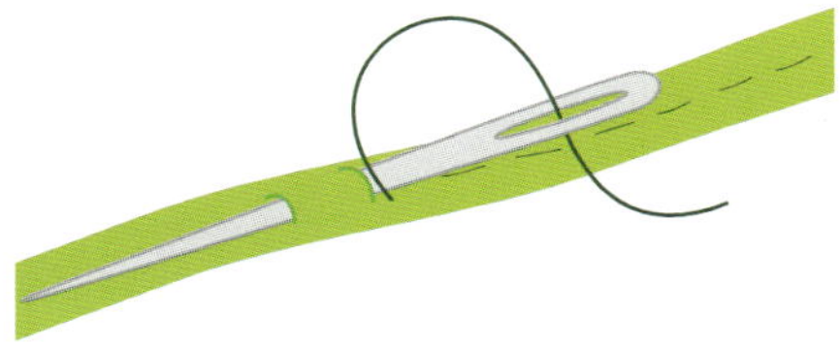

2 À 2 cm d'une extrémité de l'étole, épinglez les rubans dans l'ordre suivant :
- 1 ruban transparent jaune,
- 1 ruban de satin vert,
- 1 ruban transparent vert foncé,
- 1 ruban de satin jaune,
- 1 ruban transparent vert clair,
- 1 ruban de satin vert.

Maintenez les rubans transparents en cousant à très petits points arrière (schéma ci-dessus) les rubans de satin sur l'écharpe. Faites de même à l'autre extrémité de l'étole.

Lorsque vous superposez des rubans de qualité différente, cousez-les à la main. Choisissez des couleurs assorties ou contrastées.

Pour l'hiver, vous pouvez réaliser des écharpes en velours ou en laine en adaptant les coloris et les matières.
Le sac mesure 21 x 18 cm et les rubans sont brodés sur le même principe.
La bandoulière est formée de 2 cordelières rouges de 105 cm de long.

3 Cousez les perles et les paillettes sur les rubans :
- Éparpillez les perles vertes sur le ruban transparent jaune.
- Cousez un rang de perles espacées de 1 cm environ sur le bord inférieur du ruban de satin vert.
- Cousez des paillettes plates en les maintenant avec une perle (voir étape 4 page 42) et en les espaçant de 1 cm environ sur le ruban transparent vert.
- Cousez un rang de perles espacées de 1 cm sur le bord inférieur du ruban de satin jaune.
- Cousez quelques perles au hasard sur le ruban transparent vert.
- Cousez un rang de perles espacées de 1 cm sur le bord inférieur du ruban de satin vert.

4 Superposez les deux faces de l'étole endroit contre endroit et cousez les 4 côtés à la machine en laissant une ouverture de 15 cm environ. Retournez l'écharpe à l'endroit. Aplatissez la couture au fer et fermez l'écharpe avec un point caché (voir p. 11).

Tee-shirt décoré**

Fournitures

- *1 tee-shirt*
- *petites paillettes perforées*
- *perles longues*
- *perles de rocaille transparentes ou de couleur*
- *fil assorti au tee-shirt*
- *textil-glitter liner or ou argent*
- *crayon à tissu*
- *aiguille fine*

Pour la fixation des paillettes, vous pouvez vous reporter au schéma E de la p. 14.

Pour réaliser d'autres tee-shirts, inspirez-vous des motifs de la p. 60, et pour compléter votre tenue, vous pouvez reprendre le motif sur un sac, une écharpe ou une pochette.

1 Tracez, avec le crayon à tissu, une ligne à 12 cm en dessous du col du tee-shirt. Marquez un repère au milieu de cette ligne, puis à 5 cm de part et d'autre de ce point. Reportez le schéma de votre choix (voir p. 60) avec le crayon.

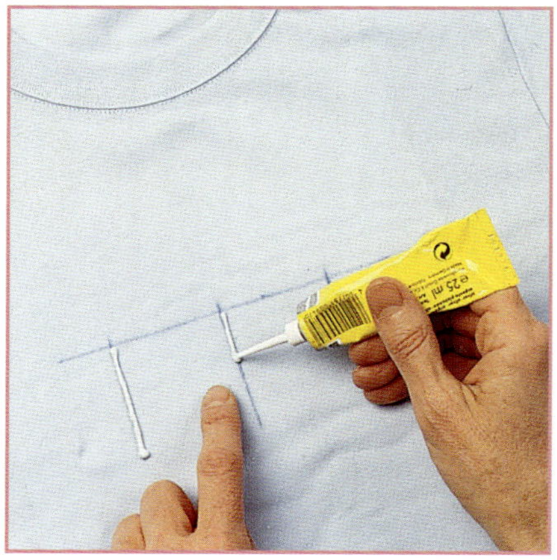

2 Placez un carton entre les deux épaisseurs pour éviter de tacher le dos du tee-shirt. Avec le textil-glitter contenant la couleur de votre choix, repassez sur le dessin choisi en appuyant sur le tube, puis laissez sécher pendant au moins 30 minutes.

3 Pour coudre les perles longues, partez de l'envers du tee-shirt, sortez l'aiguille et enfilez une perle. Repassez deux fois dans la perle pour la fixer solidement. Passez par l'envers pour coudre la perle suivante. Arrêtez après la dernière perle du motif par un double point sur l'envers du tissu et coupez le fil.

4 Cousez les paillettes avec l'aiguille fine et le fil assorti au tee-shirt : enfilez la paillette puis la perle, par l'envers du tee-shirt ; repassez dans la paillette par-dessus la perle comme indiqué sur la photo, et fixez à l'envers du tissu, par un double point.

Perles et paillettes en fête**

Fournitures

POUR UN DÉCOR DE FORME CARRÉE

- *feutrine rouge (5 x 15 cm), rose (12 x 8,5 cm), et violette (5 x 10 cm)*
- *paillettes argent*
- *étoiles perforées*
- *perles argent*
- *bâtonnets argent*
- *perles de rocaille roses*
- *aiguille fine*
- *carton fin*

Pour réaliser le décor en cœur, décalquez le patron de la p. 61 et reportez-le sur du carton fin. Découpez cette forme qui vous servira de patron pour les pièces de feutrine.

1 Préparez des gabarits en carton fin que vous utiliserez pour obtenir 7 carrés de feutrine de 5 x 5 cm (3 rouges, 2 roses et 2 violets), 2 roses de 2,5 cm, et une bande rose de 12 x 1 cm qui servira de lanière.

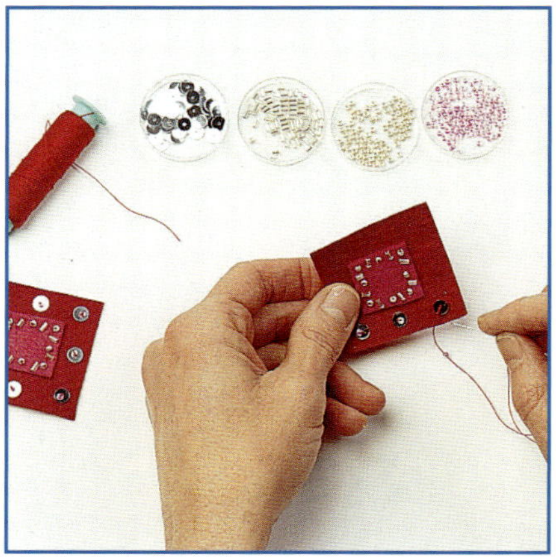

2 Placez un petit carré au centre d'un grand carré et, avec une aiguille fine, fixez les perles argent et les bâtonnets en piquant par l'arrière à travers les deux épaisseurs. Fixez ensuite les paillettes de la même manière, en enfilant successivement sur l'aiguille une paillette perforée puis une perle (voir étape 4 p. 42).
Préparez ainsi 2 carrés décorés.

3 Fixez la lanière avec un petit point de couture, à cheval sur un grand carré de même couleur non décoré.

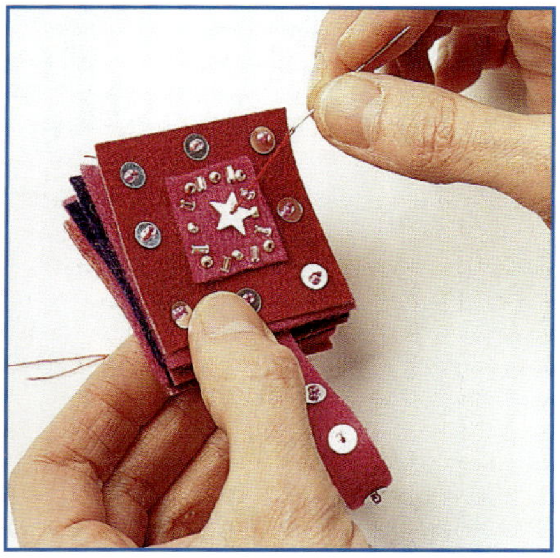

4 Faites une petite pile avec les 7 carrés de couleurs différentes en disposant sur le dessus le carré décoré et au centre le carré avec la lanière. Au centre du premier carré (décoré), cousez une étoile en piquant par l'arrière de ce carré. Enfilez une perle de rocaille, puis repassez dans l'orifice de l'étoile et piquez cette fois à travers les sept épaisseurs. Fixez de l'autre côté, de la même manière, une étoile et une perle, afin de maintenir assemblés les carrés de couleur. Arrêtez la couture par un petit point à l'arrière du dernier carré.

Vous pouvez diversifier vos décors selon toutes les combinaisons possibles avec les trois couleurs.
Ils pourront également servir de porte-clés ou orner une embrasse de rideau.

Abat-jour scintillant**

Fournitures

- *1 carcasse d'abat-jour à pince de 10 cm de diamètre inférieur*
- *une bobine de fil inox (0,28 mm de diamètre)*
- *3 variétés de perles de rocaille*
- *3 variétés de grosses perles*
- *2 variétés de paillettes perforées*
- *2 variétés de perles moyennes*
- *2 variétés de perles longues*
- *pince coupante*

1 Disposez devant vous la carcasse, la pince coupante et le fil inox fin, ainsi que l'assortiment de perles que vous avez choisi en harmonisant les couleurs. Préférez des perles transparentes ou irisées pour faire jouer la lumière.

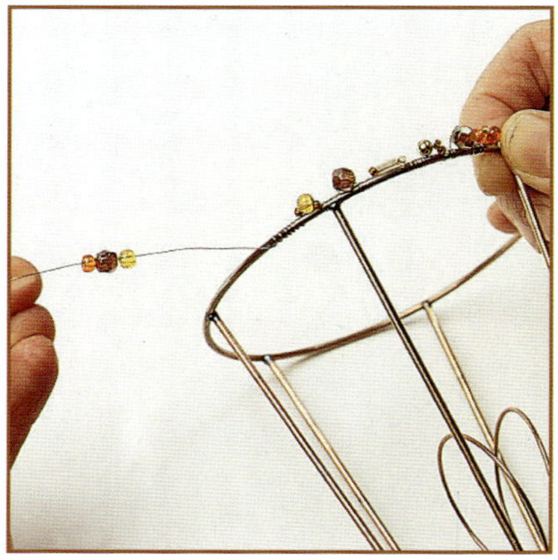

2 Coupez 1 m de fil inox et enroulez une des extrémités avec 4 tours bien serrés sur le grand cercle de la carcasse. Enfilez de 1 à 5 perles et refaites 6 tours de fil bien serrés sur la carcasse. Faites de cette manière le tour du grand cercle. Procédez de la même façon pour le petit cercle.

Toutes les carcasses d'abat-jour peuvent convenir, quelle que soit leur taille, pourvu qu'elles comportent des montants.

3 Pour habiller l'abat-jour, coupez 1 m de fil inox et enroulez 4 tours bien serrés sur un des montants verticaux de la carcasse. Enfilez une longueur de perles en alternant les couleurs et les formes. Enroulez sur le montant suivant 10 tours de fil inox bien serrés et poursuivez ainsi jusqu'au bas de l'abat-jour.

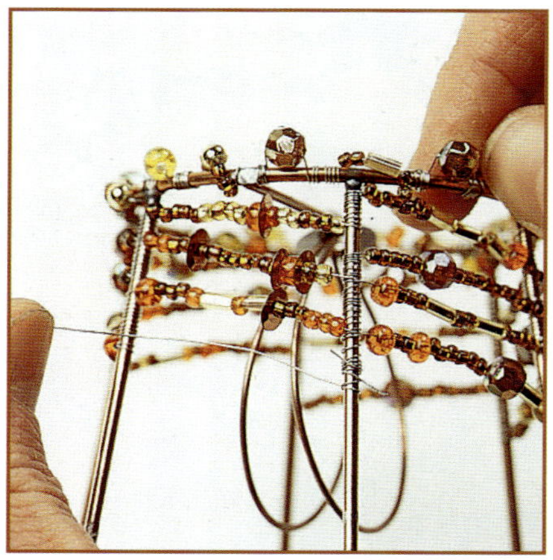

4 Lorsque vous changez de fil, serrez bien l'extrémité et tournez 5 fois autour du montant. Repartez au même endroit et faites 5 tours avec le nouveau fil, puis continuez comme précédemment.

Coussins en feutrine fleurie **

Fournitures

POUR UN COUSSIN DE 34 x 34 CM

- *feutrine rouge (36 x 34 cm), violette (34 x 20 cm), et marron (38 x 34 cm)*
- *fil violet*
- *aiguille*
- *perles de rocaille bleues et irisées*
- *crayon à tissu*
- *un morceau de carton fin*

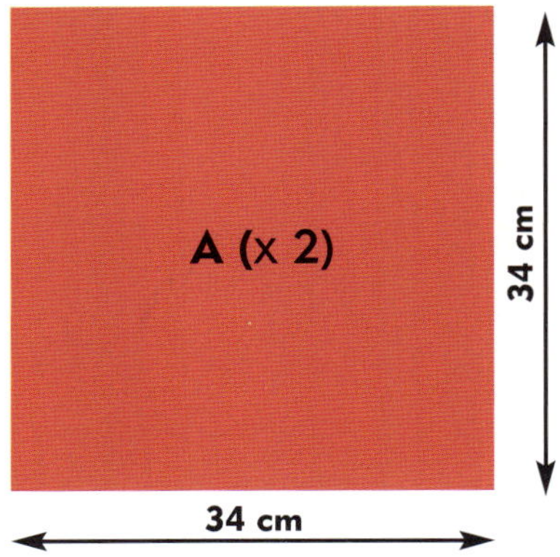

❶ Découpez 2 carrés de feutrine de 34 x 34 cm : 1 carré rouge et 1 carré marron (A). Découpez 4 bandes de feutrine violette de 4 x 34 cm ; coupez les extrémités à 45° comme indiqué sur le schéma B. Découpez 4 lanières rouges (qui serviront d'attaches) de 0,5 x 18 cm, schéma C.

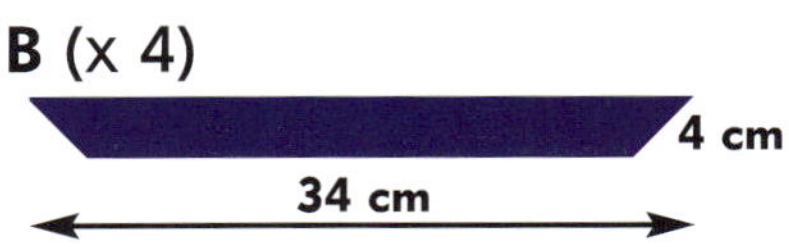

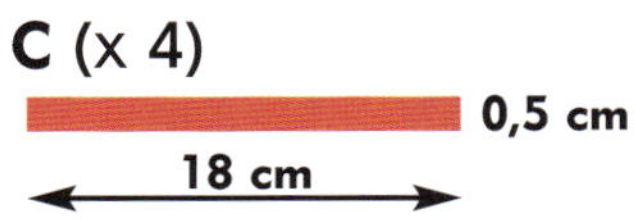

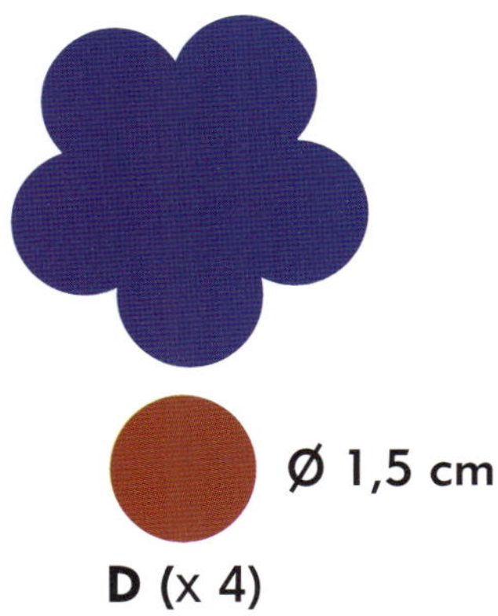

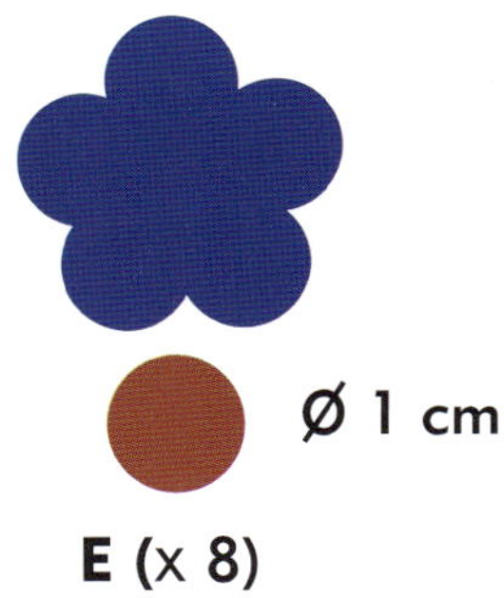

❷ Découpez 4 grandes fleurs violettes (D) et 8 petites (E) en suivant les patrons. Découpez 8 ronds de 1 cm de diamètre (E) et 4 ronds de 1,5 cm de diamètre (D) dans la feutrine marron, pour former le cœur des fleurs.

Pour plus de commodité, vous pouvez décalquer les motifs des fleurs et les reporter sur du carton fin. Vous vous servirez de ces gabarits pour découper les fleurs de feutrine.

Ces housses de coussin sont très décoratives. Assortissez 1 ou 2 coussins fleuris à d'autres non décorés, mais de même couleur.

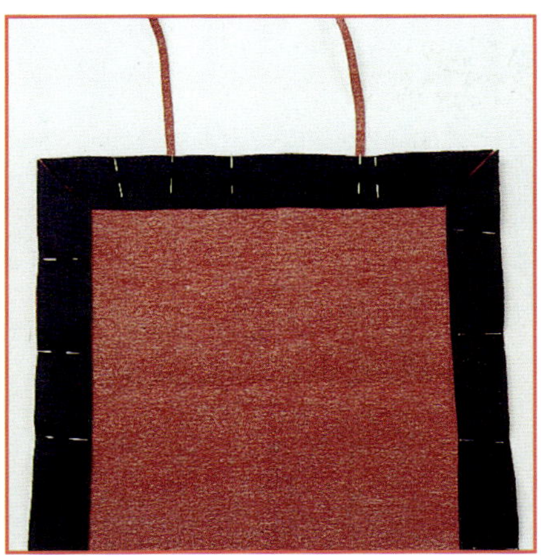

❸ Posez 2 attaches sur l'envers du carré rouge à 11 cm des angles et épinglez-les. Toujours sur l'envers du carré, posez ensuite les bandes violettes sur les 4 côtés et épinglez-les. Fixez le tout par une couture violette à 2 cm du bord.

Envers du carré marron

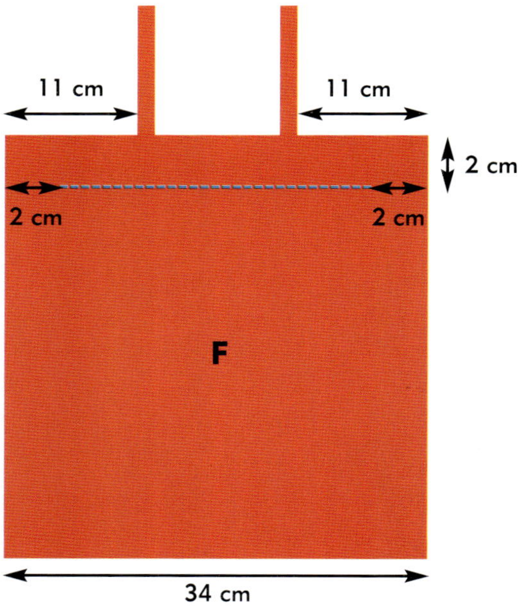

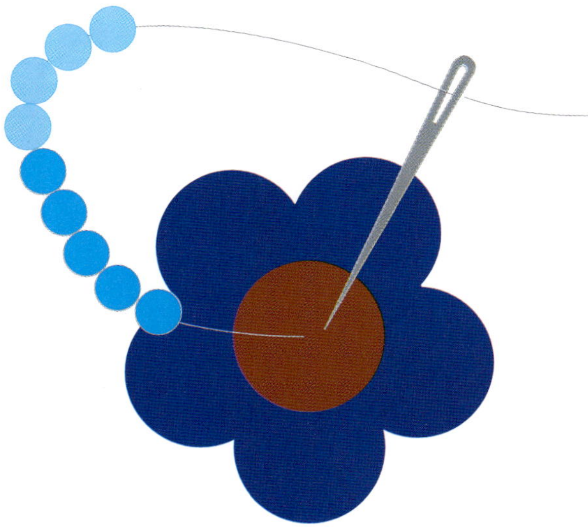

G

❹ Épinglez les deux autres attaches sur l'envers du carré marron (F). Cousez à 2 cm du bord extérieur. Vous obtenez ainsi les deux surpiqûres se trouvant du côté ouverture du coussin.

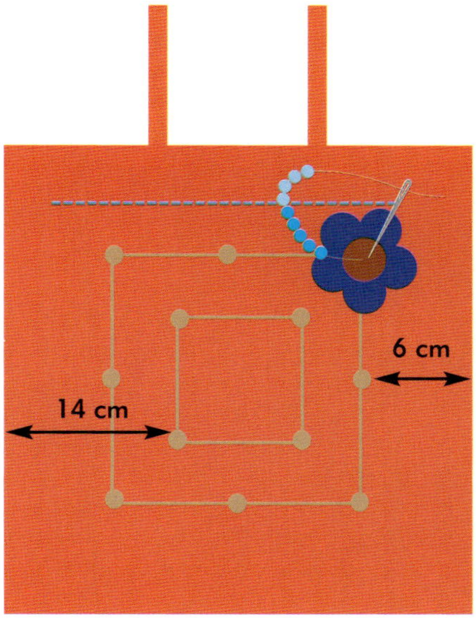

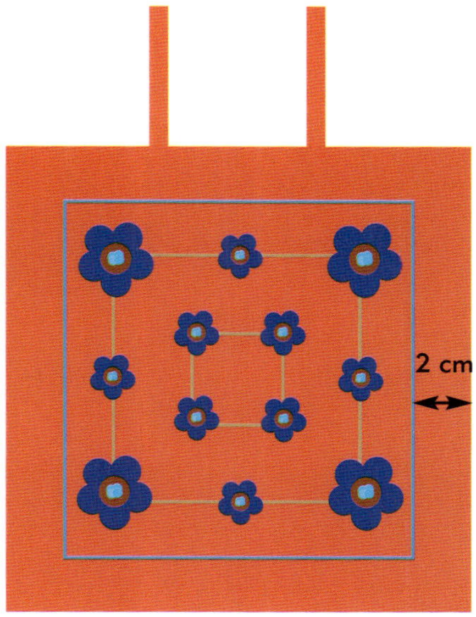

5 Répartissez les fleurs sur la face rouge en suivant le schéma ci-dessus; cousez-les en fixant 5 perles bleues et 4 perles irisées sur les grandes fleurs (G), et 3 perles bleues et 2 perles irisées sur les petites fleurs.

6 Tracez une ligne à 2 cm du bord sur les trois autres côtés du coussin et réunissez les deux carrés de feutrine en faisant une surpiqûre violette.

Bougeoirs pour nuits étoilées ★

Fournitures

- *1 rectangle de tarlatane de 16 x 29 cm*
- *colle à tissu*
- *fil assorti à la tarlatane*
- *aiguille fine*
- *plioir*
- *paillettes perforées*
- *perles de rocaille*
- *pot de yaourt en verre*
- *bougie chauffe-plat*

Placez toujours la bougie dans un pot en verre à l'intérieur du photophore.

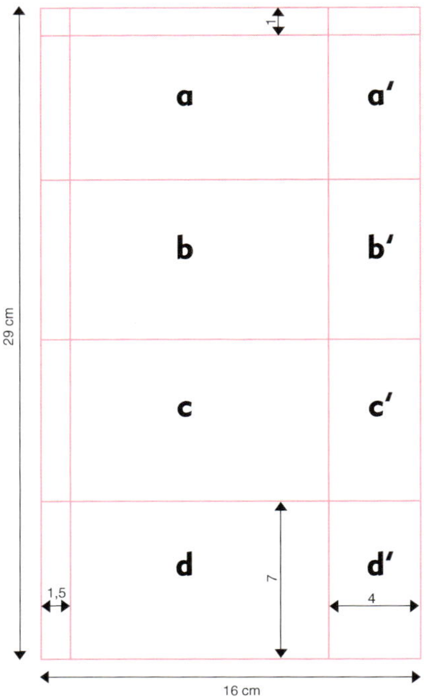

❶ Découpez la tarlatane et marquez tous les plis selon les dimensions indiquées sur le schéma ci-dessus, en appuyant avec le plioir.

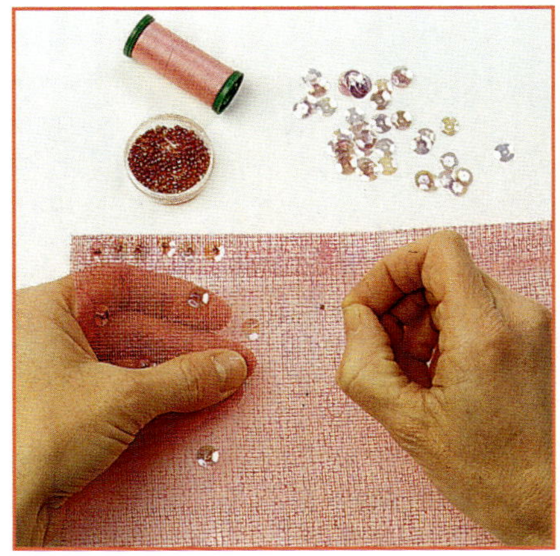

❷ Décorez à votre guise les 4 faces du photophore (a, b, c et d), en cousant les paillettes et les perles : faites un petit nœud dans le fil, passez par l'arrière de la tarlatane puis dans le trou de la paillette, enfilez la perle et repassez dans le trou de la paillette (voir étape 4 p. 42); terminez à l'arrière en repassant deux fois pour arrêter la couture dans la tarlatane, derrière la paillette.

Si vous ne possédez que de la tarlatane blanche, vous pouvez la teindre avec un petit rouleau en mousse humide et des encres de couleur diluées dans l'eau.

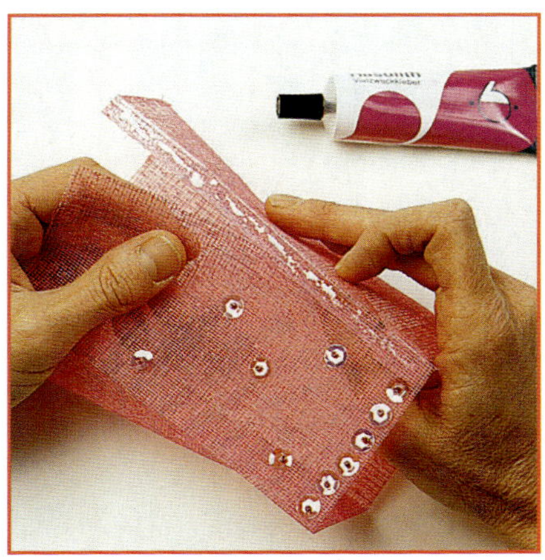

❸ Repliez le côté gauche de 1,5 cm (voir schéma de l'étape 1) en pli vallée (vers l'intérieur). Assemblez les deux côtés de 16 cm en collant la languette de 1 cm sur une des faces.
Laissez sécher 5 minutes.

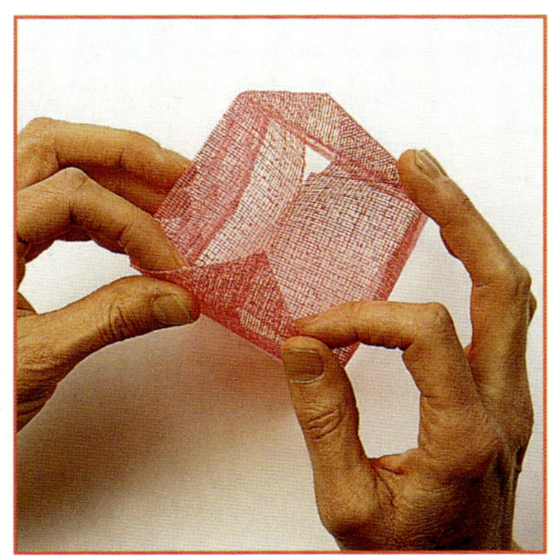

❹ Pour former le fond du photophore, rabattez vers l'intérieur un côté de 4 cm de hauteur (a') et rabattez le côté opposé par-dessus (c'). Vous obtenez de part et d'autre deux triangles (b' et d') que vous rabattez ensuite sur le fond du photophore, collez-les en appuyant légèrement.

Guirlande d'or et de lumière *

Fournitures

Pour 2 chapeaux lumineux

- *1 cercle en carton de 17 cm de diamètre*
- *1 guirlande lumineuse blanche*
- *1 m d'organza doré avec des reflets orangés*
- *perles de rocaille orange, irisées et dorées*
- *aiguille fine*
- *fil doré fin*
- *fil doré épais*
- *crayon blanc à tissu*
- *ciseaux*

1 Reportez avec le crayon à tissu la forme du cercle sur l'organza. Découpez les cercles d'organza et pliez-les en deux. Marquez la ligne de pliure et coupez les cercles en deux en suivant la marque.

2 Fixez les perles dorées, irisées et orangées avec l'aiguille et le fil doré fin. Cousez-les à cheval tout autour de l'arc du demi-cercle en alternant les trois couleurs.

Repassez légèrement vos demi-cercles avant d'y coudre les perles.

Ces décors peuvent également être réalisés en tarlatane blanche ou de couleur.

3 Refermez le demi-cercle en superposant les deux rayons sur 5 mm pour former un cône et cousez les perles au point avant (voir p. 11) en partant de la base du cône. Arrêtez-vous à 2 cm de la pointe du cône ; cette ouverture vous permettra de placer le chapeau sur la guirlande.

4 Enfilez le cône sur une ampoule. Refermez l'ouverture en cousant avec le fil doré épais, et passez 2 fois dans les bords du tissu. Enlevez l'aiguille, serrez le fil doré épais sur le fil électrique et faites un joli nœud pour fermer.

Fenêtre habillée**

Fournitures

- *feutrine violette*
- *grosses paillettes plates bleues*
- *grosses paillettes plates argentées*
- *perles argent*
- *petits ciseaux pointus*
- *perforatrice*
- *crayon à tissu*
- *aiguille*
- *fils bleu et gris*
- *bande Velcro adhésive*
- *anneaux pour accrocher l'embrasse*
- *un morceau de carton de 20 cm de long*
- *stylet*
- *tasseau aux dimensions de votre fenêtre*

Lorsque vous coupez la bande de feutrine destinée à la cantonnière (étape 2), prévoyez un retour à gauche et à droite pour masquer le tasseau de soutien.

Vous pouvez habiller de la même façon le bord d'une étagère murale ou d'une armoire.

1 Reportez le gabarit de 12,5 cm sur le carton (voir p. 58). Découpez-le et évidez les motifs à l'aide du stylet. Effectuez les perforations avec l'emporte-pièce.

2 Pour la cantonnière, coupez une bande de feutrine de 16 cm de large et de même longueur que votre tringle à rideaux. Chaque motif mesurant 12,5 cm (voir schéma p. 58), faites en sorte que la longueur de la cantonnière terminée soit un multiple de 12,5 cm. Reportez le motif avec le crayon à tissu sur la bande de feutrine autant de fois que nécessaire.

3 Découpez les trous ronds avec la perforatrice aux emplacements marqués au crayon. Découpez les feuilles ovales avec les ciseaux pointus.

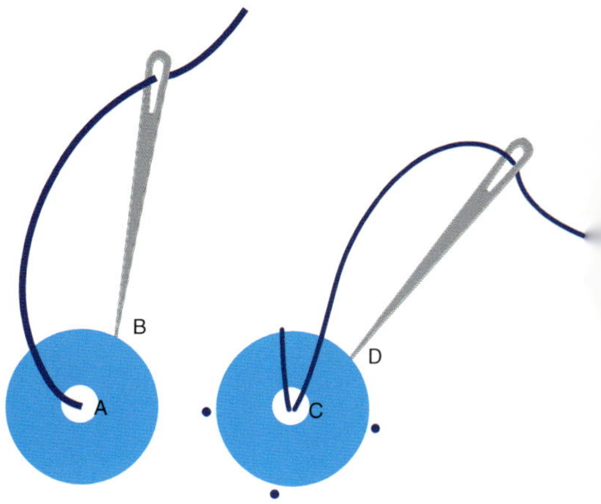

4 En vous aidant du schéma ci-dessus pour coudre les paillettes, et du schéma p. 58-59 pour localiser les couleurs, cousez 3 paillettes bleues avec du fil bleu puis 1 autre paillette sous chaque groupe de 3 feuilles. Ajoutez une paillette argent fixée par une perle (voir photo 4 p. 42) avec du fil argent au-dessus de la feuille verticale.

④ Pour l'embrasse (voir motif ci-dessous), coupez une bande de feutrine de 12 cm de large et reportez le motif autant de fois que nécessaire (ici 4 fois) pour obtenir la longueur désirée.
Découpez les motifs à l'aide de la perforatrice et des ciseaux pointus.
Cousez les paillettes de la même façon que pour la cantonnière.

⑤ Pour fixer la cantonnière, prenez un tasseau de la longueur de votre cantonnière, moins les retours prévus pour masquer le tasseau.
Fixez une bande Velcro sur toute la longueur du tasseau, extrémités comprises. Fixez l'autre partie de la bande Velcro sur la cantonnière et mettez le tout en place.
Pour l'embrasse, cousez 2 petits anneaux sur les angles supérieurs que vous suspendrez au crochet fixé dans le mur.

Motif de l'embrasse

Motif de la cantonnière

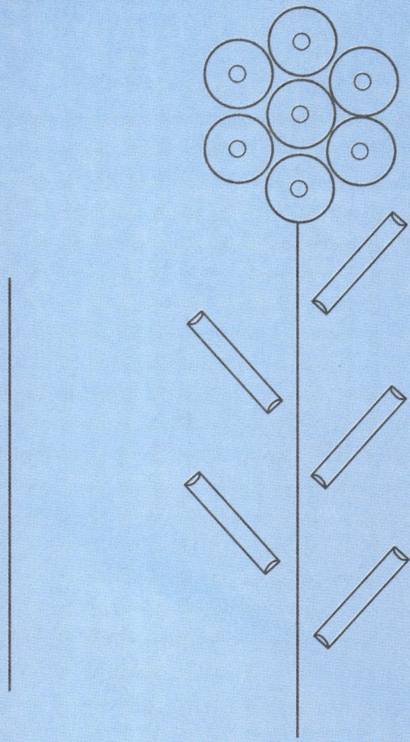

Tee-shirt décoré (page 42)

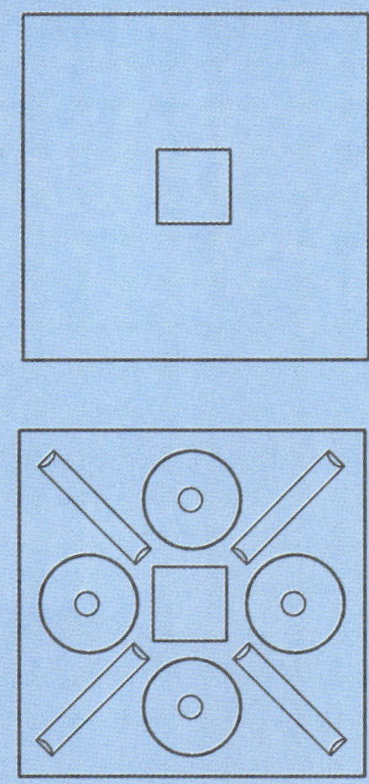

Tee-shirt décoré (page 42)

Tee-shirt décoré (page 42)

Fenêtre habillée (page 56)
motif de la cantonnière

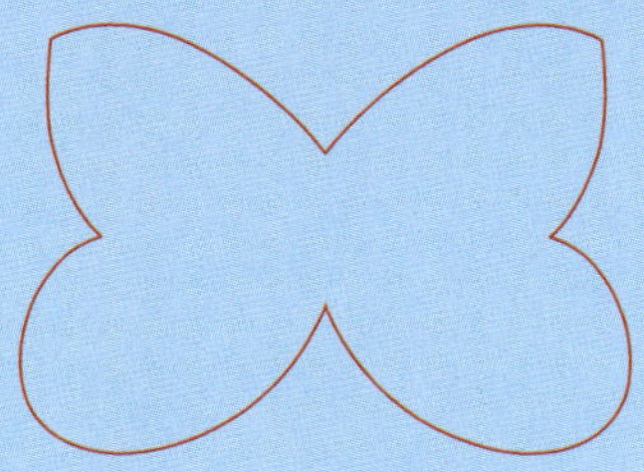

Envol de papillons (page 22)

Perles et paillettes en fête (page 44)

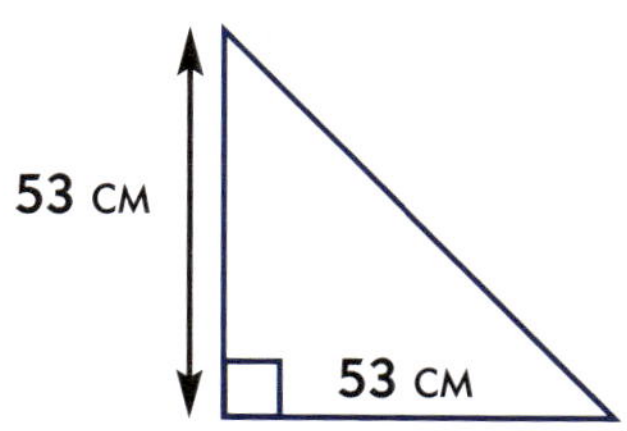

Foulard andalou (page 38)